台湾北部
梵梵野渓温泉

野渓温泉という河原を掘っただけの温泉。
この先、過酷な野渓温泉への旅が待っている。
この極楽顔は、それを知らないことの証

谷底にある野渓温泉でまったりの台湾の人々。崖、梯子、険しい山道を１時間以上登らないと戻ることができないことを彼らは忘れている

台湾北部 北埔冷泉・台湾中部 泰安温泉

〈左上〉山の奥に日本時代そのままの温泉がしっかり残っている。もちろん裸入浴。湯も日本風に熱い〈右・左下〉秘湯への道の途中には猫が似合う客家の村。そして客家料理

景観がいいだけの冷泉。濁りは汚れではなく、温泉の含有物といわれても足湯が限界

台湾東部
紅葉谷温泉・栗松温泉

〈上〉ロープを握る崖くだりの先にある栗松温泉。僕はいません。手前の河原でギブアップ。65歳の体力では……〈右〉栗松温泉の東南にある下馬では、宿の娘さんが山案内。谷底温泉に体力を吸いとられ、聞く気力、ありませんでした

〈左上〉体感温度40度超え。温泉の温度も40度超え。酷暑の紅葉谷温泉。無謀でした
〈左下〉下馬の宿では肉を焼いてくれたが、疲れすぎて箸が動かず……。ごめんなさい
〈中央〉山道ではしばしば登場する減速喚起人形。足もつくってほしかった

台湾南部
緑島・朝日温泉

〈右頁〉海岸線に広がる朝日温泉。遠景は絵になるが……〈上〉磯にある露天風呂。台湾の人は周囲に立つだけ。理由？　暑いから。この日の気温は35度超え。温泉と空気がほぼ同じ温度。「一体感が楽しめます」と日本人は負け惜しみ〈左中〉磯の露天風呂への道。悪い予感はこのときから〈左下〉台東から緑島に向かう。満席であぶれた客はデッキに。定員オーバー？〈右中〉にぎやかな台東の夜市

台湾東部

萬榮温泉・阿里史冷泉

〈上〉萬榮温泉めざして中洲を進むが、激流に阻まれ……。誰が先に向かった？　詳しくは本文で〈右〉蘇澳の阿里史冷泉。温度は22度。台湾には体を冷やす温泉もある〈左〉蘇澳は漁港の街。そばも海鮮。呼び込みおばさんがうるさいが〈下〉テイクアウト食を宿で食べるのは、温泉旅の流儀

台湾の秘湯迷走旅

下川裕治＋広橋賢蔵・中田浩資

双葉文庫

デザイン　山田英春
写真　中田浩資（カバー、口絵、本文）
写真　広橋賢蔵（温泉案内「台湾百迷湯」）
地図　小堺賢吾

目次

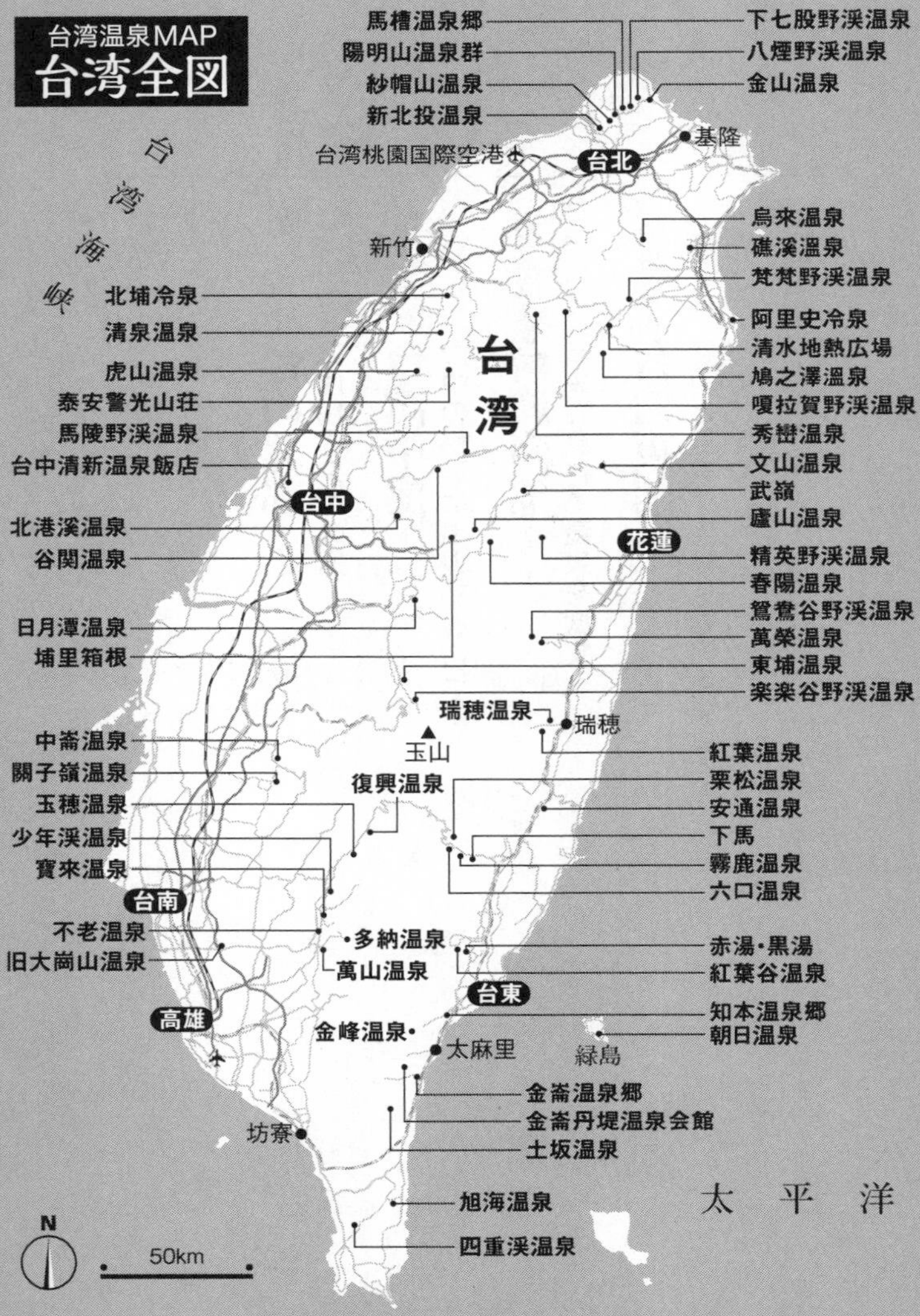
台湾温泉MAP
台湾全図
台湾海峡
馬槽温泉郷
陽明山温泉群
紗帽山温泉
新北投温泉
下七股野渓温泉
八煙野渓温泉
金山温泉
基隆
台湾桃園国際空港
台北
烏來温泉
礁溪温泉
梵梵野渓温泉
阿里史冷泉
清水地熱広場
鳩之澤温泉
嘎拉賀野渓温泉
秀巒温泉
文山温泉
武嶺
廬山温泉
新竹
北埔冷泉
清泉温泉
虎山温泉
泰安警光山荘
馬陵野渓温泉
台中清新温泉飯店
台湾
台中
北港溪温泉
谷関温泉
花蓮
精英野渓温泉
春陽温泉
鴛鴦谷野渓温泉
萬榮温泉
東埔温泉
楽楽谷野渓温泉
日月潭温泉
埔里箱根
瑞穂温泉
瑞穂
玉山
中崙温泉
關子嶺温泉
玉穂温泉
少年渓温泉
寶來温泉
復興温泉
紅葉温泉
栗松温泉
安通温泉
下馬
霧鹿温泉
六口温泉
台南
不老温泉
旧大崗山温泉
多納温泉
萬山温泉
赤湯・黒湯
紅葉谷温泉
台東
知本温泉郷
朝日温泉
緑島
高雄
金峰温泉
太麻里
金崙温泉郷
金崙丹堤温泉会館
土坂温泉
坊寮
旭海温泉
四重渓温泉
太平洋
N
50km

はじめに

「最初に入国スタンプを捺された国はどこですか？」

人と会い、海外への旅の話になると、最初にこう訊く知人がいる。彼なりに、初対面の人物の性格のようなものを読みとる技のようにも映る。いや、単に話の接ぎ穂を確保するためのものなのかもしれないが。

しかし僕の周りの人々を見てみると、最初に入国した国と深くかかわっている人は少なくない。その国との仕事に就いている人もいれば、移り住んでしまった人もいる。最初に入国した国……そこには、人生の伏線が潜んでいるのかもしれない。

その伝に従えば、僕のパスポートに最初に入国スタンプを捺した国はタイである。そして二番目が台湾だ。それ以来のパスポートで調べてみると、きっとそうなっていると思うのだが、出入国スタンプの数はタイがいちばん多く、次いで台湾という気がする。

タイのバンコクで航空券を買っているということもあるのだが、アジアの旅の拠点がバンコクである。タイにいったん入国し、そこからミャンマーやバングラデシュ、ラオス、カンボジアといった近隣国に出ることが多い。最後はバンコクから帰ってくるわけだから、それでタイの入国スタンプが二個、出国スタンプが二個ということになる。日本は出入国でそれぞれスタンプは一個ずつだから、日本の出入国スタンプの二倍のタイ出入国スタンプがパスポートに残ることになる。

次いで台湾だが、日本と台湾を単純往復することはあまりない。台湾に寄り、そこから香港やタイに向かうことが多い。インドネシアのバリ島へ台湾から向かったことも何回かある。帰国時に寄ることも多いから、僕のパスポートの出入国スタンプ数は、タイがいちばん多く、次いで台湾、そして日本ということになるだろうか。

タイと台湾は、僕のアジア旅の拠点というわけだ。

はじめて海外に出たのは二十一歳のときだった。目的地はタイだった。その翌年、再びタイに向かった。そのとき、僕は台北と香港を経由してタイのバンコクに向かう航空券を買った。

当時の海外旅行は、いまのように簡単ではなかった。ビザが必要な国が多かった。個人旅行は許されず、日程が決まったパッケージツアーだけに制限している国が多かった。アメリカやヨーロッパは比較的、自由に旅をすることができたが、大学生の僕には金がなかった。旅の資金はアルバイトで貯めるしかなかったからだ。旅の費用を旅行会社から借り、就職後に返済するというシステムができたのも僕が大学生の頃だった。このスタイルで欧米に卒業旅行に出かけることがトレンドになっていった。

欧米に出かける気にはなれなかったが、それは金がないことへの負け惜しみというわけではなかった。僕は大学生だったから、就職を前提に旅の資金を借りることはできた気がする。しかしまともに就職をするのか……というところで、僕は立ち竦んでしまっていた。

大学には、一時ほどの盛りあがりはないものの、全共闘の空気はまだ色濃く残っていた。僕はノンセクトを示す黒いヘルメットを被り、デモに加わる学生だった。成田空港闘争では、放水車の水を浴びた。最終的には左翼運動についていけず、それがアジアへの旅に惹かれていった理由のように思う。

僕の周りには、就職を否定していく学生が少なからずいた。それは資本主義にからめとられていくことだったからだ。そんな世界のなかで学生時代をすごしたのだから、就職を前提に資金を借りて卒業旅行に出る感性はなかった。そういう旅ができるのは、王道を進み、親に迷惑もかけずに就職していく学生たちだと思っていた。どこか別世界の学生に映っていた。

それでいて、左翼運動の専従になるほどの熱意もなかった。アジアへの旅は、そんな僕が辿り着いた心地よい世界だった気もしないではない。

しかしアジアといっても、簡単に入国できるのは、台湾、香港、タイや韓国ぐらいだった記憶がある。中国は団体旅行しか受け付けなかった。東南アジアの国々は、東西冷戦のなかの東側、つまり社会主義を標榜する国が多く、自由な個人旅行は難しかった。

タイという国を選んだのは、当時、学生運動のうねりが伝えられていたからだ。セクトといわれた組織の壁に腰が引けてしまった学生だったが、その渦中に片足は踏み入れていたから、タイの大学で起きていることには興味があった。いや、タイのバンコクには知り合いがいた。その家に泊めさせてもらった。それだけのことだった気がしないでもないが。

翌年はタイ北部のチェンラーイに向かった。バンコクの知人には世話にならなかった。そしてその前に台湾と香港に寄った。知り合いもいないひとり旅ということを考えると、台北を歩いたときがはじめてだったことになる。
当時、東南アジアへの旅を色眼鏡を通して見る日本人は多かった。僕がタイと台湾、香港をまわってきた、というと、相手は瞳の奥に疑いの色をにじませてこういったものだった。

「若いのによく……」

その言葉の背後には売買春が横たわっていた。台湾はその中心的なエリアだった。中年男性の遊び場というイメージが定着していた。会社の社員旅行での台湾ツアーはまさにその典型だった。高度経済成長からバブル経済へと進む時期である。アジアのなかで、頭ひとつ抜けた日本人のビジネスマンは、次々に曖昧宿(あいまいやど)に消えていった。

はじめて台湾に行ったとき、飛行機の隣席にいたのが、日本人の中年男性だった。台湾へ二、三ヵ月に一回は出張で滞在するという。台北のホテルを訊いてみた。当時は『地球の歩き方』のようなガイドブックはまだなかった。ガイドブックはあったが、高級ホテルが紹介されているだけだった。台北に着いたら、安い宿を探さなくてはいけないと思っていたのだ。

「林森北路っていう通りがあって、その路地を入ったところにあるホテルに私はいつも泊まっているけどね。何回も行っているから、高いホテルに泊まる必要もないんでね。一泊三千円ぐらい。でも、学生さんが泊まるような宿じゃないよ」

台北という街は右も左もわからなかった。バックパッカーなら、事前に空港からのアクセスや宿について調べるのだろうが、僕はそれもしなかった。そもそも自分がバックパッカーなどとは思っていなかった。いや、バックパッカーという言葉すら知らなかった。

結局、中年サラリーマンのタクシーに便乗させてもらい、彼の常宿に泊まることになった。僕はそんな旅行者だった。一泊三千円という料金が、台北では高いのか、安いのかもわからなかった。

宿は一見、古いビジネスホテルのようなつくりだったが、入口には、「休息」の料金も掲げられていた。連れ込み宿でもあったのだ。

後にわかるのだが、台湾では一般のホテルと連れ込み宿の境界が曖昧だった。どちらの目的に利用してもよかった。日本のようにラブホといわれるような連れ込み専用ホテルはなかった。

当時の僕は泊まった宿を、「おそらく連れ込み宿なのだろう」と思っていた。しかしこちらがそう色わけしても、宿側は一般の宿泊客として対応するのだから、妙な行き違いはある。そもそも部屋にひとりで泊まっていいのだろうか……と悩んだものだった。なにも起きずにひと晩があけた。夜、飲んだジュースの壜（びん）のなかに、一匹のゴキブリが入っていた記憶がある。

林森北路は、日本人向け飲食店が集まっていた。いまでも日本人向けカラオケスナックや居酒屋が軒を連ねている。この界隈の宿に泊まると、深夜、酔った日本人と台湾人ホステスらしい女性との会話が聞こえてきたりする。そのたびに、台北にはじめて泊まった夜を思い出す。僕なりに緊張していたのだ。

そこには二泊ほどしたが、なにも起きなかった。聖人君子を装うつもりはないが、金がなかった。そういう世界は、出張族の世界のものだと思っていた。

台湾の温泉もそんな世界と無縁ではなかったらしい。

本書の水先案内人である台湾の温泉通の広橋賢蔵さんは、一九八九年に日本語教師として台湾に渡った。その前年、中国に留学し、中国語を勉強している。天安門事件に遭遇し、日本に帰国。同じ中国語圏の台湾での仕事に就いた。

台湾で暮らしはじめた年に、台北の新北投温泉や陽明山温泉群、礁渓（シャオシー）温泉を案内してもらったという。そのときの印象を記してもらった。

——日本の温泉文化との違いにびっくりした。生まれは箱根の湯処の近隣、温泉の楽しみ方はわかっているつもりだったが、こんなにお粗末な温泉ははじめてだった。山裾の傾斜地に板の通路が渡してあり、トイレのような掘っ建て小屋がいくつも並んでいる。ドアを開けるとなかにはやっとふたりほど入れる浴槽があった。

そこへ自分で蛇口をひねって湯を入れ、ひとり、またはカップルで入るのだ。大浴場などはもちろんない。お湯の質がよかったのかどうか……。なにも記憶にない。体を縮めてポツンとひとり浴槽に沈む。温泉に入った気にもならなかったことを覚えている。

新北投温泉は、日本人観光客による悪名高き「売春ツアー」の大拠点だった。一九八〇年代がピークで、私が訪ねたときはその末期。風紀一掃で、温泉街での乱痴気騒ぎが禁止された後だった。温泉街はすっかりたそがれていた。

台北の南東にある礁渓温泉もイメージはよくなかった。裏では風俗産業がまかり通る男性天国だった。代表的な岡場所、またはラブホテル的に利用する妖しげな場

―だった。（広橋）

しかしこの頃から台湾は大きく変わっていく。いやアジアが変わっていくといったほうがいいのかもしれない。それは世界の流れでもあった。ペレストロイカにはじまった旧ソ連の改革がきっかけだった。東西冷戦時代は終わりを告げ、旧社会主義国は次々に開放路線をとっていく。いまの世界は、新型コロナウイルスの感染拡大で、人や物の動きが停滞してしまっているが、それまでのアジアは民主化と開放路線という流れのなかで、一気に動きはじめていくのだ。

台湾では二〇二〇年の七月に死去した李登輝の登場が象徴的だった。

台湾は日本敗戦まで日本の統治下に置かれた。戦後、一時の開放はあったが、中国大陸で共産党との内戦に敗れた国民党が台湾に乗り込んでくる。蒋介石率いる国民党が日本にとって代わった。それ以前に台湾に暮らしていた人は本省人、国民党とともに大陸から渡ってきた人は外省人という区わけが台湾では一般的になった。本省人たちは、日本から国民党へと変わった環境を、「犬が去って豚が来た」と揶揄（やゆ）した。犬は日本で、豚は国民党である。

蒋介石からその息子の蒋経国に国民党のトップは引き継がれるが、蒋経国の死後、李登輝が台湾の総統になる。李登輝は本省人だった。

その頃、僕はタイのバンコクでタイ語を勉強していた。クラスメイトのひとりに台湾人女性がいた。

朝、学校に行くと、いきなり彼女にハグされた。彼女は次々にやってくる生徒、そして先生にハグを続け、そして肩を震わせて泣いた。先生や生徒はなにが起きたのか……と戸惑っていた。彼女は、習ったばかりの片言のタイ語を並べて、李登輝が総統になったことを伝えてくれた。

台湾という環境でみれば、それは無血革命に近い変革だった。生徒の多くは欧米人だったから、その重さを図りかねていたようだったが。

李登輝が総統になる下地は徐々につくられていた。一九八七年には戒厳令が解除されている。国民党支配に反発する本省人を抑え込むための戒厳令は弾圧と一体化していた。本書でも緑島で触れている。検挙された本省人は次々と刑務所に送られていった。犠牲者の数は三千人〜四千人という推計もあるが、台湾のなかでは桁が違うと囁かれる白色テロの時代である。

その時代がついに終わった。いまの台湾が置かれている状況はこのときに、その枠組みができあがった。それまで、台湾は戦時下という認識のなかに置かれていた。

僕はタイから帰国し、『12万円で世界を歩く』という旅を手がけることになる。まだ制限は残っていたが、多くの国が個人旅行者を受け入れる時代に入っていた。日本では格安航空券が売られるようになり、海外への旅は熱を帯びていくことになる。『12万円で世界を歩く』は評価を得、実質的な僕のデビュー作になった。そして旅の原稿を書くようになっていく。タイの本を書き、その流れはやがて台湾へと辿り着く。海外旅行をはじめた頃と同じだった。タイの次に台湾なのである。売春ツアーの色を帯びたアジアへの旅はしだいに個人の自由な旅にシフトしていく。その目的地がタイであり、次いで台湾だったのだろう。

広橋さんとはじめて会ったのもその頃である。そのとき彼は、『な〜るほど・ザ・台湾』というフリーペーパーの編集部にいた。この雑誌の編集長が、かつて僕が勤めていた新聞社の先輩記者だった。そんな縁もあったような気もするが、そのあたりの記憶は曖昧である。

広橋さんの話を聞くと、その頃から台湾の温泉巡りがはじまったらしい。

――一九九〇年代、台湾の現地フリーペーパー『な〜るほど・ザ・台湾』の観光地案内の編集に携わっていた時期、台湾各地の温泉郷がより洗練されていく様子をレポートしていった。その時期に代表的な温泉に浸かっている。

台湾をとり巻く温泉地環境は飛躍的に変わっていった。台湾人も海外旅行を楽しむ時世になっていく。とりわけ日本への観光客が激増。多くの台湾人が日本各地の温泉を体験することになる。当然、露天風呂にも入る。「こりゃ極楽だ」と思ったはずである。そして台湾に戻ってから「自分の街の近くにも温泉が湧いている場所があったぞ」とばかり、温泉通いが一般的になり、温泉関連業者や宿がみるみる増え、とくに冬場は定番のレジャーのひとつに成長していった。(広橋)

やはり日本だった。台湾の温泉の背後にはいつも日本があった。

台湾のなかの日本……。それは触れてはいけないもののように思っている時期があった。僕が台湾にはじめて出かけた頃はまだ、戒厳令が敷かれていた。国民党は大陸の中国共産党と対峙していたわけだから反共色が強かった。白色テロの時代、逮捕され、刑務所に送られた人々の容疑は中国共産党のスパイという濡れ衣が多かった。当時、日本の社会主義運動も熱を帯びていたから、日本から左翼系雑誌などのもち込みは禁止されていた。

台湾人は日本語を口にできなかった。白色テロのきっかけになったのは、一九四七年に起きた二・二八事件である。国民党への反発は路上のデモを起こし、騒乱は全国に広がった。デモに参加した本省人たちは、日本語で連絡をとりあったという。大陸からやってきた国民党は日本語を理解できなかったからだ。

台湾の日本統治時代は五十年に及んだ。台湾では日本語教育が行われ、多くの人が日本語を話すことができた。はじめて台湾に行ったとき、龍山寺の食堂には秘密の地下室があり、そこで日本の映画を観ることができるという話を聞いた。

ひとりの老人から、こんな話を聞いたこともある。

「国民党がやってきて、小学校では日本語が禁止された。もし口にすると、木札を首からかけられたんです。はずすためには、誰かが日本語を話すのをみつけなくちゃいけない。それまで、日本語が普通に話されるなかで生きてきたわけだから、つい、口に出ちゃうでしょ。『はい』とか、『熱い』とか」

日本の方言札に似ていた。子供たちが標準語を話すように促す方策だった。方言を口にすると、方言札と書かれた木札を首からさげた。鹿児島県や沖縄では盛んにとり入れられ、沖縄では戦後も学校で行われていたという。

そんな環境のなかで僕は台湾を歩きはじめた。日本語、そして日本的なものには出合うことは少なかった。それでも道に迷ってしまったときなど、近くにいた老人がみかねて日本語で教えてくれることはしばしばあった。はじめの頃は、台湾のそういった事情にまだ疎い気軽な旅行者だった。日本語で教えてくれたときは、はじめ、

「なんだ、日本語ができるんじゃない」

と思ったものだが、実は周りにいる台湾の多くの人が日本語を理解し、しゃべることができたのだ。彼らはそれを封印しなくてはいけなかった。

そんな日本が堂々と姿を見せるのは、ここ最近のことである。日本家屋をリノベーションしたカフェやレストランが次々にお目見えし、ガイドブックをにぎわせるようになってきたのだ。

大陸からやってきた国民党系の人々は、敗戦で引き揚げ、空き家になった日本家屋を接収して暮らしていた。しかし彼らも年をとるなかで空き家が増えていった。その

家や土地には国民党の利権が絡んでいたため、なかなか手を出せなかったようだ。しかしルールが変わったのか、そんな建物の再利用が可能になっていく。

しかしその頃には、流暢な日本語を操る老人たちの多くが他界していた。すでに台湾のなかから、戦前に広まった日本語が消えていったわけだ。日本統治時代は五十年続いたが、日本が引き揚げてから五十年がたった頃には、その時代の言葉も消えていくということなのだろうか。それが歴史というものなのかもしれないが。しかし台湾の人たちの間にあった感性のようなものは、そう簡単に消えていくものではないらしい。

それを感じたのは、台南にある林百貨を見たときだった。この建物は、戦前の一九三二年に建てられた日本の林デパートだった。五階建てで屋上には神社まであるビルである。戦後は台湾の空軍や派出所などに使われていたようだが、器が大きいので、なかなか再利用が難しく、長く空きビルになっていた。

このビルのリノベーションがはじまったのは二〇一〇年。工事は三年後に終わり、林百貨というデパートとして再出発した。

店内はみごとに日本の昔のデパートが再現されていた。昭和レトロといったらいいだろうか。木材を使った柱。幅が広めの階段。そんな内装が、台湾人の感性をくすぐるらしい。しかし並んでいるのは、台湾の物だけなのだ。それも無農薬の食品や若いデザイナーがつくった小物……。台北にはいくつかのデパートがあるが、そことは違う品ぞろえをめざしているようだった。台湾の先端を走る商品を集めてきている。昭和レトロな建物と台湾の「いま」を主張する商品。

「林百貨がいい」

と教えてくれたのは、台北に暮らす三十代の日本人女性だった。

「お土産を買うなら林百貨がいいですよ。きちんとしたものだけを集めているから、安心して日本人に渡すことができるんです」

台湾の人々にとって、昭和レトロな建物は「新しさ」でもあるのかもしれなかった。

台北で日本家屋をリノベーションしたカフェに通じるものがある。日本風建物と安全で品質が高いコーヒー。そこが台湾人の間で人気を呼ぶ。

台湾ではこうして日本が復活しつつあった。

しかし広橋さんと向かった秘湯は、台湾の都市のなかで人気を集める日本とは違っていた。日本が台湾から去った後も、あたり前のように続いていた日本に出合うことになる。

その前に、広橋さんがどんな経緯で台湾の温泉にのめり込んでいったのか。彼の言葉で伝えてもらおうと思う。

——二〇〇〇年をすぎ、観光案内サイト「台北ナビ」の編集担当だったとき、しゃれた温泉宿が増えていくのを目の当たりにする。そんな温泉をウェブサイト上で紹介していった。

二〇〇三年には台湾で車を購入した。フォルクスワーゲン最小のルポだったが、その車で最初に遠出したのが烏來（ウーライ）温泉だったことを思い出す。車を手に入れたからには、もっと遠征をしようと、もう少しディープな温泉巡りをはじめたのはこの頃。桃園県（現・桃園市）や新竹県など台湾北部の温泉群、南部横貫道路に点在する温泉などを訪ねまわった。山岳部を巡っていると、台湾の秘境の密度と、平地の温泉にはない奥深さを感じたものだ。

いま思えばこの頃が秘境温泉フェチにはまり込む初期だったのかもしれない。

そんなある日、台湾の地図を眺めていて、ふと思った。

「あといくつの温泉に入ったら全部制覇したことになるんだろう？」

地図に記されている温泉マークを数えていった。七十ヵ所くらい数えて、また疑問が生まれる。

「道路もない、宿もないような、レンジャー部隊でないと行けないようなところに温泉マークがある。はたしてここは温泉といえるのか？　そもそも太魯閣（タロコ）峡谷の天祥の先、立霧渓（リーウーシー）の文山（ウェンシャン）温泉などは、流されてしまい、廃止されたらしいじゃないか」

そんなことを考えていたら、いてもたってもいられなくなった。以前入った温泉が、いまは存在しているかどうかもわからない。そして、道なき温泉場は車を乗り捨ててから、徒歩でどのくらいかかるのか？　これまで浸かった温泉、すべてをまわり直さなくちゃいけないのだろうか。

思い立ったが吉日。私は車に乗り込んで台湾の温泉地を巡りはじめていた。

台湾は全島を山脈が貫いている火山島で、険しい山岳地帯が多いだけに、路線バスで行ける場所にも限りがある。自分で運転していかなければ数ある秘湯を踏覇することは難しい。私には頼もしい相棒の赤いルポがいた。小型の割には馬力があるので、ちょっとした急坂も心配することはなかった。

台湾の広さが九州と同じくらいの大きさであると考えれば、何年もかかるということもないだろう。台湾は「キャンプブーム」とやらで、新型四輪駆動車を駆使して露営と書くキャンプを楽しむ人々の層が増えていた。温泉地キャンプも人気だった。そしてウェブ上では秘境温泉までのアクセスなどの詳細レポートや写真を、マップ入りで検索できた。ただし、それがどのくらい前のデータかが不明のものも多かった。四季折々で道路環境は移り変わるので、いまはどんな状況になっているかもわからない。とにかく現地に行ってみなくては……という意識はあった。

ちょっとした冒険気分に高揚感を覚えていたのだが、そんな思いつきが、後には泥沼にハマってしまうことになる。

が、苦労して辿り着いた秘湯を見つけたときの、宝物を見つけたような気分は格別で、やめられない快感も覚えるのだった。（広橋）

そのフォルクスワーゲンのルポに僕も乗り込むことになる。二回にわたって、台湾の山中にわけ入っていくことになるのだが、その旅がはじまって三日目の朝、川に沿った道を車はのぼり、その先にはもう車道はないといったところに、一軒の温泉があった。「警光山荘」という温泉だった。外観は日本の温泉宿そのものだった。日本の古い温泉街に移しても、なんの違和感もないつくりだった。入口で入浴料を払い、通路を進むと、「男湯」と「女湯」というのれん。男湯のほうに進むと、その浴槽には、裸の地元のおじさんたちが、つい口から日本語を話しそうな表情で浸かっていた。

台湾の温泉は、日本式と台湾式がある。日本式は裸、台湾式は水着をつけるといったらわかりやすいだろうか。しかしそういう分類も、この温泉には通用しない雰囲気が漂っていた。温泉は裸で入るもの……ずっと昔からそういうものだった、と語りかけているような気がした。

僕も湯に入った。熱い湯だった。その温度設定も日本に似ていた。

そこにある日本は、日本家屋をリノベーションしていく日本とは違った。日本そのものがあった。近隣の人々は五十年以上前からこうして温泉に入ってきた。国民党がやってきて、白色テロの嵐が吹き荒れるときも、その蚊帳(かや)の外にいるかのように。

台湾の秘湯——。そこは昔ながらの日本がいまも息づいていることを教えられる世界だった。

広橋さんの車で山深い温泉を進むなかで、僕はもうひとつの台湾に出合っていた。先住民が暮らす台湾だった。

台湾の先住民はアミ族、タイヤル族、パイワン族など、その人口は約五十五万人といわれる。先住民という通り、台湾という島にもともと住んでいた人たちだ。そこに中国大陸から漢民族が移住してくる。福建人系の人が多かった。明、清の時代のことだ。そのくらいの知識は僕にもあった。

しかし台北の街をうろつき、台南、高雄、花蓮といった都市を歩いているかぎり、先住民と会うことはまずなかった。いや、見ていたのかもしれない。しかし僕の視線は福建人、つまり漢民族の間を行き来するばかりだった。台湾の政局は、中国寄りの国民党と、中国と距離を置こうとする民進党の間を揺れ動いた。総統選のたびに台湾に向かった。広橋さんと一緒に、民進党の会場の席に座った。選挙権がないというのに。漢民族の動きを追うのに精いっぱいだったのだ。

台湾の人口の二割弱を占める客家（はっか）への関心が高まっていったのもこの時期だった。客家については本文でも触れているので、ここでは深入りしないが、客家料理店で食事をすることが多くなった。もっとも客家にしても漢民族なのだが。

台湾を訪ねる日本人は年を追って増えていった。かつての中年男性を家族連れや若い女性たちが凌駕し、小籠包の店や牛肉麺の名店、マンゴーアイスがおいしいスイーツ店などが話題になっていくようになる。僕は、『歩く台北』という地図型ガイドの編集にかかわっていたから、そんな情報に触れることも多くなってきた。接する台湾人の年齢は若くなっていったが、それも漢民族の世界の話だった。

避けていたといってもいいかもしれない。先住民問題に入っていくと、差別という重い話に辿り着いてしまう。アメリカのインディアン、カナダのファースト・ネイション、日本のアイヌ、オーストラリアのアボリジニ……薄暗い隘路（あいろ）が待っていることはわかっていた。

予感はあった。あれは列車で台湾を一周する旅だった。台東から南に向かう各駅停車に乗ったときだった。夕方の列車で、帰宅する高校生が乗り込んできた。その多くが先住民の生徒だった。彼らの顔つきは、フィリピンやインドネシアの人々に似ていた。彼らが沿線の小さな駅に消えていくと、代わって仕事帰りの先住民の男たちが酒臭い息を吐きながら列車に乗り込んできた。駅のホームで飲みながら列車を待っていたらしい。アルコール依存は、世界の先住民が抱える問題だった。

台湾の先住民もそうなのか……。するとボックス席に座った彼らが歌を口ずさみはじめた。哀調があるメロディーに引き込まれそうになる。漢民族の音楽とは明らかに違う音階に、台湾にはまったく違う世界があることがわかる。

だから僕は避けていたのだろうか。

秘湯――。

いきなりだった。広橋さんの車で最初に訪ねた秘湯である清泉温泉で出くわしてしまったのだ。そこには足湯があり、その脇で先住民の男たちが酒を飲んでいた。漢民族は昼から酒はめったに飲まない。男たちに呼ばれ、彼らのつまみを見ると、大型のネズミのような山の動物だった。なにもかも漢民族の世界とは違っていた。

秘湯をめざす旅は、先住民の世界に入り込んでいくことだと教えられた。彼らが秘湯を守っていたのだ。

それは僕がかかわってきた台湾とは違う時空だった。別の顔の台湾だった。

その奥の台湾……。その入口が秘湯だった。

本書は、二〇一九年に広橋さんの案内で秘湯を巡った僕の体験紀行と、広橋さん流の温泉案内「台湾百迷湯」という構成になっている。取材には中田浩資カメラマンが同行した。コロナ禍で不自由さを強いられているが、台湾の温泉では、いまもみごとな湯が湧いているはずだ。

出版にあたり、双葉社クロスメディア編集部の竹原晶子さんのお世話になった。

二〇二〇年十一月

下川裕治

第一章

台湾北部

先住民温泉への道

台湾温泉MAP
台湾北部
馬槽温泉郷
陽明山温泉群
紗帽山温泉
新北投温泉
下七股野渓温泉
八煙野渓温泉
金山温泉
基隆
台湾桃園国際空港
台湾海峡
桃園
板橋
台北
南港
台湾高速鉄道
西部幹線
高速公路
高速公路
宜蘭線
烏來温泉
礁溪温泉
宜蘭
新竹
新竹
内湾線
内湾
北埔冷泉
爺亨温泉
梵梵野渓温泉
秀巒温泉
清泉温泉
四稜温泉
嘎拉賀野渓温泉
蘇澳
大雪山
雪山山脈
南湖大山
中央尖山
中央山脈
北廻線
太平洋
武嶺
埔里
花蓮
20km
N

台湾の全温泉制覇をめざす広橋賢蔵さんの車は、台湾桃園国際空港の第一ターミナルの車寄せに停まっていた。赤いドイツ車だった。フォルクスワーゲンのルポという車だという。かなり乗り込んでいることがわかる。

「この車で台湾の温泉をまわっているのか」

そう思うと、ドイツ車には似合わないイオウのにおいが、車から漂ってくるような気にもなる。なんでも台湾の秘湯は路線バスも一日に一本といったどん詰まりにあることが多いのだという。車がないと温泉制覇の旅は難しいらしい。

台湾の秘湯——。この響きに誘われて台湾まで来てしまった。台北市の周辺には、陽明山温泉群や新北投温泉、烏來(ウーライ)温泉といった有名温泉がいくつもある。台湾の全温泉に入ろうと目論む広橋さんは、当然、台北周辺のメジャー温泉は制覇していた。未入湯の温泉が残っているのは、秘湯といわれる世界だった。

僕はというと、昔から有名な観光地が苦手だった。台湾に出向いても、台北から近い陽明山や新北投で湯煙をあげる温泉には食指が動かなかった。一回もその温泉に浸かったことがない。全温泉制覇と有名温泉嫌いというふたつの感性が一緒になってめざすのは、どん詰まりだった。

「そう、これから訪ねる温泉の先は台湾の中央山脈で道がないんです。秘湯はそういうところにあることが多いんだなぁ。今日、行く温泉は張学良が幽閉されていた温泉。幽閉にはもってこいのシチュエーションなんですよ」

空港を出発した車は、高速道路を南下していく。台湾の高速道路には料金所がなかった。フロントガラスに貼ってある「ｅＴａｇ」と書かれたシールを、頭上にある監視カメラのような装置で読みとり、チャージ額から引かれていくシステムだった。これまで台湾を走る長距離バスには、もう数えきれないほど乗ったが、こうして高速道路の料金を払っているとは知らなかった。優れたシステムなのだろうが、いったいどこから高速道路なのかがわかりにくい。

途中、関西服務區というサービスエリアで朝食休憩をとった。訪ねたのは二〇一九年の五月だった。台湾が梅雨に入る頃だった。空を厚い雲が覆っていた。ときおり、雨粒も落ちてくる。南の方向には山が迫ってきていた。温泉のある方向だった。濃い緑。そのなかを白い雲がかなりの速さで動いていた。

高速道路をおり、一二二号線を進む。竹東から上坪渓という川に沿った道をのぼっていった。レンガづくりの家が並ぶ客家の村をすぎ、サイシャットという先住民族が

訪ねる超秘湯は正面の山をわけ入った先。濃い緑、雲……。山は深そうだ

サービスエリアには、eTag に高速料金をチャージする入金カウンターが

暮らす五峰という村で少し休んだ。客家の集落から先住民の世界へ。その後の旅でわかってくるのだが、これが秘境温泉を訪ねる基本的なルートだった。

客家は元々、中国の福建省周辺に暮らしていた人たちである。そのルーツは黄河流域の中原といわれる。その遺伝子は漢民族の本流を引き継いでいるともいわれている。しかし客家の境遇は厳しかった。戦乱の絶えない中原を逃れて南下し、長江を越え、福建省周辺まで辿り着く。しかし肥沃な沿海部には福建人が暮らしていた。客家はしかたなく山に入り、そこで客家独特の文化を育んでいくことになる。

明から清の時代にかけ、大陸から台湾への入植が盛んになる。福建人が多かったが、客家の一部もまた台湾海峡を渡った。台湾でも、福建人と客家は同じヒエラルキーをつくる。つまり海に近い平地に福建人が暮らし、山がちな土地に客家は落ち着いていく。

先住民はもともと、台湾に暮らしていた人々である。フィリピン人やインドネシア人に近い民族だ。いまの台湾では十六の先住民族がいるといわれているが、以前はかなり多くの民族が台湾全土に暮らしていた。しかし海沿いに暮らしていた先住民族は、漢民族との融合が進み、しだいにその実態もわからなくなっていく。純粋な先住

上：上坪渓に沿った道を進んでいく。レンガづくりの家が並ぶ。ひっそりとした客家の村だった

左：さらに上坪渓に沿った道をのぼっていく。山がしだいに近づいてくる

民族は山深くに暮らしていた人々だった。

こうして台湾に、横ではなく、縦の民族構造ができあがっていく。平地に住む福建人、そこから山に入ったところに住む客家、そしてさらに高度をあげた山中に住む先住民族である。

はじめの頃は、福建人が多く住む平地の台湾に翻弄されていた。しだいに客家に興味を抱くようになっていったが、僕の台湾への理解は平面の域を出ていなかった。

しかし秘境温泉への旅は、強引に僕にとっての台湾を立体化していくことだったようだ。秘境温泉はだいたい、山深い先住民族が暮らすエリアにあった。その手前には客家の村があった。

サイシャット族の村から三十分ほどのぼっただろうか。山が間近に迫ってきた。上坪渓沿いに駐車場があった。ここから先、百メートルほどは行くことができるが、山に阻まれ、もう道はないという。駐車場近くの吊り橋を渡ったところに、清泉温泉会館があった。しかし閉鎖されていた。改修工事に入っていた。この施設以外に温泉はない。

「温泉に辿り着いても、温泉に入ることができないこともよくあるんですよ。秘湯の

上：進むにつれ、山道を木々が覆いはじめる。路線バスがくだってきた。バスは１日６便ほど

左：五峰という村のなかを歩くと「林代書」の看板。先住民族は漢字を書くことが苦手だから？　とも思ったが、代書は行政書士や司法書士の意味もあるという

世界では」

広橋さんはそういって先に進んでいく。秘湯旅とはそこまでストイックな世界なのか。しかし清泉温泉には、将軍湯という足湯だけはあった。

脇では四人の男たちが酒盛りをしていた。顔つきが違う。交わす言葉も違う。先住民族だった。そもそも酒をあまり飲まない漢民族系の台湾人とは違う。飲む酒も焼酎のような酒。それも昼から……先住民族の世界だった。

呼ばれてつまみを見てみると、大型のネズミのような山の動物だった。これが台湾？　そんな世界に入り込んでいた。

その先に、張学良故居と書かれた日本風の家があった。張学良が長く幽閉されていた建物が残されていた。張学良は中国の近代史のなかでは異彩を放つ存在だった。蒋介石を拘束し、国共合作を実現させるが、一九三六年に捕らえられ、中国で幽閉。中国で敗れた国民党の蒋介石が台湾に渡るときに台湾に連行され、そのまま、この清泉温泉に幽閉される。釈放されるのは一九九一年。五十五年もの間、幽閉生活を送るのだ。人生の大半を幽閉されていたわけだ。台湾に白色テロの嵐が吹き荒れ、李登輝が総統になったときも、ずっとこのどん詰まりの温泉に閉じ込められていたのだ。周囲

ひとつ目の秘湯、清泉温泉。貼り紙を見ると改修中。一発目から振られてしまう

清泉温泉会館のすぐ近くに、将軍湯という足湯が。湯はすごく熱い

は先住民の世界でもあった。

台湾の秘湯は、この島の裏面史に寄り添っているようでもあった。

台湾の全温泉を制覇する、という広橋さんの目論見につきあうつもりはなかった。

しかし、隘路を詰めるように進んだその先に、唐突に現れる温泉は、いままで見聞きしてきた台湾とは明らかに違っていた。ぐいと引き込むような吸引力があった。

これはいったいなんなんだろう。

その思いを消せないまま、広橋さんの運転する車に乗っていた。清泉温泉から北埔（ベイプー）冷泉に向かった。内湾という街に近い山のなかにその冷泉はあった。しかし、それは川縁の水たまりのようだった。湯も汚れているように映る。案内板の説明によると、それは汚れではなく、温泉の成分のためだという。しかしどう見ても泥水……。しかし広橋さんは、そんな冷泉にもしっかり身を沈める。全温泉制覇をめざす人は気合が違う。僕は足湯でお茶を濁してその先に向かった。その先で泰安（ウエンチユエン）温泉、廬山（ルーシャン）温泉などに寄っていくのだが、そのあたりは第二章でお話しする。

この章は、先住民エリアへの道筋に沿って進めることにする。

僕らは台中から廬山温泉をめざして中央山脈にわけ入っていった。坂道をのぼりき

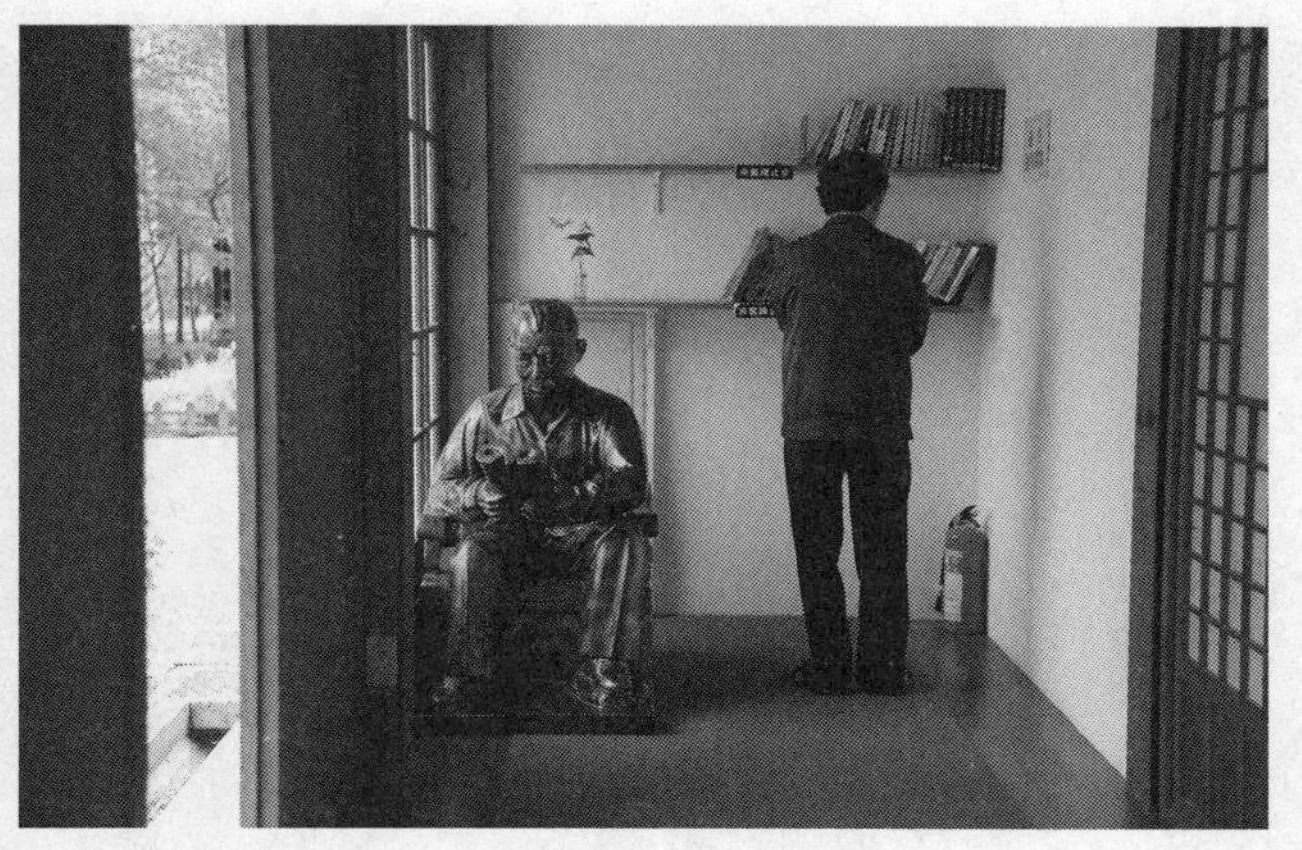

上：将軍湯の由来は張学良。彼が住んでいた建物が修復され開放されていた。日本風家屋だった

左：北埔冷泉。冷泉は日本でいう鉱泉。飲むと胃腸病に効くといわれて飲んでみた。味？　ただの水でした

ったところに霧社があった。日本統治時代の一九三〇年、霧社事件が起きた場所だった。

霧社事件は二回起きている。一回目は先住民のセデック族が、駐在所や学校の運動会を襲った。きっかけは些細なことだったという。酔ったセデック族を、日本人の警官が注意したことだった。おそらく日本の支配への反発が臨界点に達していたのだろう。運動会では、和服を着た日本人が標的になり、百三十二人の日本人が殺された。日本軍や警察が鎮圧するが、約七百人の先住民が死亡したといわれる。

二回目の霧社事件はその翌年に起きる。日本に反発する先住民と日本寄りの先住民の闘いに発展してしまうのだ。彼らには勝者が敗者の首を狩る習慣があった。山中の村に、累々と並ぶ人間の頭部の写真が残っている。

二回目の霧社事件を画策したのは日本軍だったといわれる。実際に山のなかの駐在所に勤務し、先住民と接していった警察官には、そこまでの裏工作はできなかったはずだ。

その日は廬山温泉に泊まり、翌朝、標高三千二百七十五メートルの武嶺という峠を越え、梵梵野渓温泉をめざした。台湾という島は、こうして山のなかに入っていく

滝を望む北埔冷泉。眺めだけはいいのだが。温度は約15度

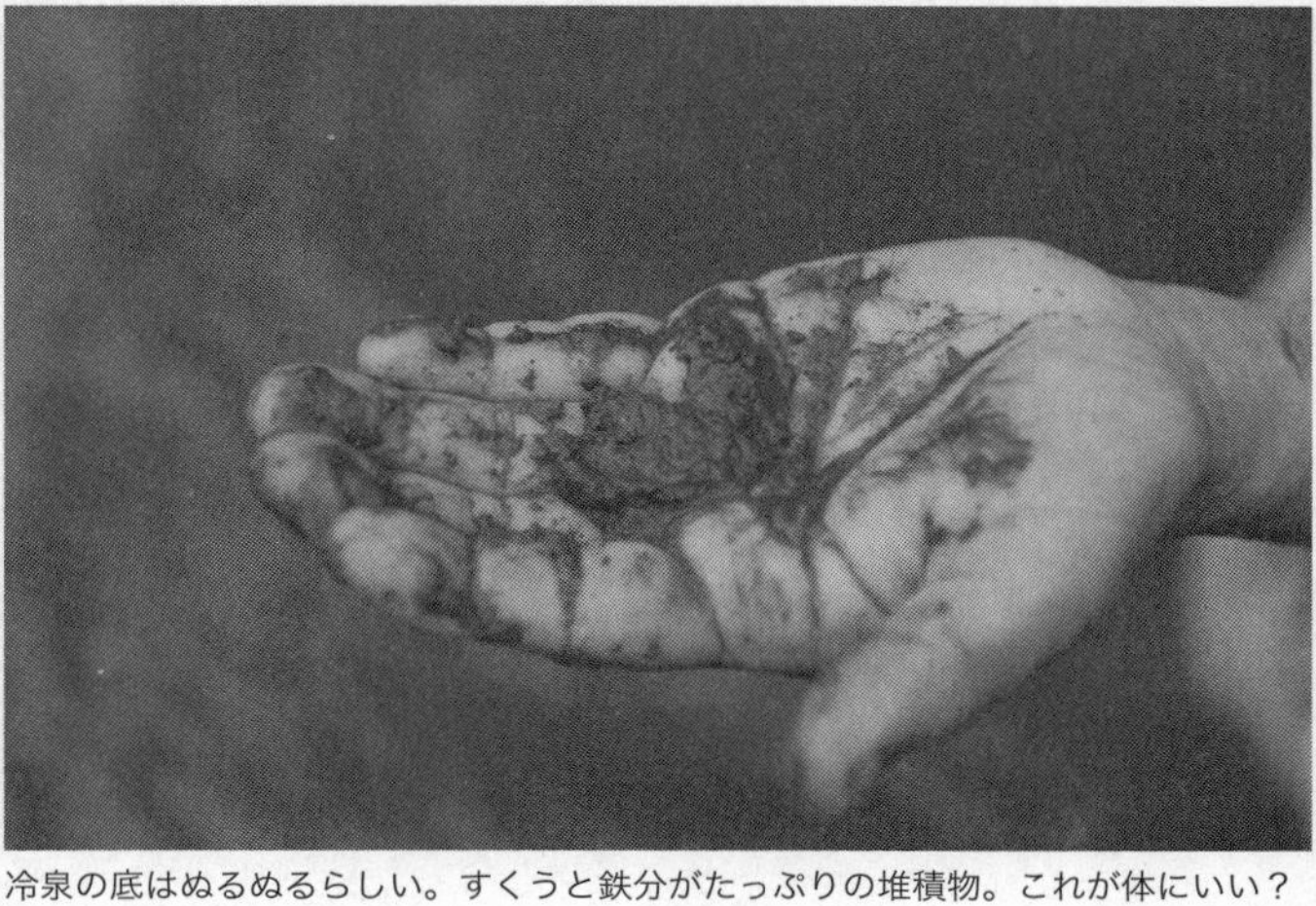

冷泉の底はぬるぬるらしい。すくうと鉄分がたっぷりの堆積物。これが体にいい？

と、なかなかダイナミックだ。この峠にしても、日本では二番目の標高を誇る南アルプスの北岳よりも高い。そこに道路がつくられていて、車で簡単に到達してしまうのだ。

その山岳路をのぼっていった。標高二千メートル近くまであがったところに、食堂が並ぶ一帯があった。見ると雲南料理店が多い。先住民族でもなく、客家でもない。ミャンマー生まれの中国人だった。彼らはここで商売をはじめたようだった。

台湾にはミャンマーで生まれ育ち、雲南省からやってきた中国人が三万人ほどいるといわれる。彼らはもともと、中国系の人々だった。戦乱から逃れるようにミャンマーに渡る。しかしその後に成立したミャンマーの軍事政権を嫌って再び中国へ。そして台湾の情報を中国に送るという命を帯びて台湾にやってきた。スパイである。中国と台湾の軍事対立時代の話だ。

彼らはもともと山のなかで暮らしていた。台湾でもそういう土地に愛着をもったのかもしれない。高原の雲南料理は、台湾でも少しずつ知られるようになってきているという。山小屋風の一軒で傣味（ダイウェイ）米麺を食べた。優しい味に、雲南省のたおやかな山並みを思い出した。

武嶺から一気に茶畑の間を走る道をくだった。めざしたのは英士村。先住民のタイヤル族の村だった。

先住民の村と客家の村が区別できるようになってきていた。入口や村のなかに立派なキリスト教の教会があれば先住民の村だった。廟があれば客家である。太平洋戦争が終わり、台湾から日本人が姿を消した後、大陸から国民党がやってきた。台湾の人々は、「犬が去って豚がやってきた」と揶揄した。しかしそれは政治の世界の話だった。宗教の分野では、アメリカやカナダからキリスト教の宣教師が入ってきた。その構造は、戦後の韓国に似たところがある。

台湾で彼らは、先住民の村で布教活動をはじめる。先住民たちは一気にキリスト教に傾いていったといわれる。

先住民のなかには、日本にすり寄っていった民族が少なくなかった。彼らは明から清の時代にかけ、大陸からやってきた漢民族に見くだされていた。新しく台湾を支配した日本に近づいていくのは自然な感情だった。日本が特別に先住民を優遇したわけではないが、台湾支配のために、彼らをうまく使おうとした面はあった。

しかし日本は戦争に負け、台湾から撤退していく。その喪失感を埋めていったのがキリスト教だったのだろう。

英士村の入口にも立派な教会があった。そこを通りすぎると、雑貨屋が一軒あった。店の前で村の人が数人、立ち話をしていた。ここが村の中心のようだった。日はかなり傾いている。仕事が終わると、この店の前に集まってくる……そんな規模の村だった。

店のオーナーのようなタイヤル人の女性が、日本語で声をかけてきた。片言というレベルをはるかに超えている。訊くとご主人が日本人だという。そのときはたまま、日本に帰っていた。その女性が温泉の説明をしてくれた。ここには野渓(イェシー)温泉があった。河原に湧出する温泉を台湾ではこういう。日本では野湯(のゆ)などとも呼ばれる究極の露天風呂である。

「歩いていけますよ。でも、今日はもう暗くなりはじめているから」

たしかにそうだった。通常の温泉と違い、河原を掘っただけの温泉のはずだった。照明はないだろう。暗いなかで湯に浸かるというのも……。

この村に泊まることにした。しかし一軒あるという民宿は休業中だった。雑貨屋の女性が、車で二十分ほどのところにある松羅村の民宿に連絡をとってくれた。村長さ

なんだか無駄に広い応接間の奥にベッド。不思議なつくりの民宿はひとり 600 元

村に食堂もない。夕食は商店で買った唐揚げ、スナック、ビールに即席麺……

んが経営する民宿だった。

翌朝、再び英士村にやってきた。温泉は梵梵(ファンファン)野渓温泉と呼ばれていた。村の人に道を訊いて向かったのだが、途中から道がわからなくなった。小学校の校庭を横切り、梵梵渓という川の土手にあがると、「歩道入口」という看板があった。その方向に進んだのだが。とりあえず土手をおりてみた。草の生い茂る河原を進む。きちんとした道があるわけではない。しばらく草をかきわけていくと、梵梵渓に出た。川の向かい側がキャンプ場になっていた。板を渡した橋を渡り、キャンプ場の脇を通り、河原を少し歩くと湯溜まりがあった。

これが野渓温泉？

周囲を見渡した。朝が早いせいか誰もいない。ジャンパーを腰に巻き、河原で水着に着替え、そろり、そろりと湯に入る。

寝起きの体に温泉がしみ込んできた。崖の下から湯が湧いていた。そこに梵梵渓の水を流し入れて適温にしている。村の人たちが管理しているのだろうか。湯に浸かり、空を見あげる。頭上の木々の間から青空が見える。野鳥の声が周囲に響いている。

梵梵野渓温泉を探して、川原を歩く。木製の橋に出会いほッとする

梵梵野渓温泉。これはいい……。ちょうど崖の下あたりから温泉が湧き出ている

「野渓温泉……これはいい」

しかしここで味をしめたばかりに、野渓温泉のとんでもない世界に入り込んでいくことになる。それを知らない僕は、周囲の山々の緑を眺めながら、これはいい、と何回も呟いていた。

野渓温泉——。これは究極の露天風呂ではないか。日本にも、これに似た温泉はあるだろうが、その手つかず感がまったく違う。

広橋さんによると、周辺には、この種の温泉がいくつかあるのだという。だったら行ってみようと、そのひとつ、嘎拉賀（ガラホ）野渓温泉をめざすことにした。しかしこの決断が、広橋さんをも台湾温泉のラビリンスに入り込ませる結果を生んでしまう。

途中で昼食をとったのだが、そこで四稜（スーリン）温泉という名前が耳に届いてしまうのだ。広橋さんの顔つきが変わった。どうも彼の温泉リストには入っていないところらしい。全温泉を踏破するという旗を掲げてしまったつらさである。しかしとんでもない温泉だった。

「四稜温泉ですか。あそこは温泉に行く途中で転落する人がいて、何回か救急車が呼ばれているんですよ」

上：この先に四稜温泉のおり口らしき急な山道があった。いやけもの道か。ひとりで温泉に向かうのは危険な道だ

左：温泉があったらまず浸かる。それが広橋さんの流儀？　僕もその流れのなかで爺亨温泉に。しだいに温泉の区別ができなくなる

途中にあった消防署の職員が教えてくれるのだった。道の途中に温泉へくだる地点があった。急斜面だった。道もはっきりしない。これはザイルを持参し、本格登山の装備がなければ難しいのではないか。そんな気がした。

「ここはちょっと無理ですね。下川さんたちが帰った後、僕がひとりで来ますよ」

　そう広橋さんはいうのだが、本当にあの斜面をくだるつもりなのだろうか。なにもそこまで……とは思うのだが、いちばん後悔しているのは、全温泉に浸かるという目標を公言してしまった彼かもしれなかった。

　その先にあった爺亭（ヤヘン）温泉にも寄ってみた。ここは野渓温泉ではないのだが、以前、水害で被害を受けたという話があった。広橋さんは気になっていたらしい。宿泊棟は流されてしまったが、温泉は無事だったという。せっかくだからと浸かってみた。塩分が少し入った重曹泉だった。

　車は山道をぐいぐい進んだ。温泉の入口にある嘎拉賀という集落に着いた。おそらくここも先住民の村なのだろう。そこから舗装はされているが、幅二メートルほどの急なくだり坂の道が続いていた。数人が息を切らしながら登ってきた。嘎拉賀野渓温泉に浸かってきたのだという。

「急な山道を一時間ほどくだった谷底に温泉はあります。坂道、きついですよ」

台湾の人たちの話を広橋さんが翻訳してくれる。

谷底？

そんな話は聞いていなかった。梵梵野渓温泉のように、河原に湯が溜められた温泉だと思っていた。たしかに河原なのかもしれないが、そこが谷底……。ということは、温泉に入った後、山道を汗をかきながら登らないと戻ることができないではないか。後悔した。のんびり野渓温泉を楽しむという雰囲気をイメージしていたのだが。

しかし僕は山道という言葉に反応してしまった。若い頃からよく山には登った。最近は足の筋力が落ち、思うような登山はできないが、山道と聞くと、「自分の世界だ」と意気に感じるようなところがある。行ってみようじゃないか……などと足の屈伸運動をはじめてしまうのだ。

坂道は急だった。落ちた木の葉が前日の雨に濡れ、そこを踏むと滑る。しかし舗装されている。岩がむき出しになった日本の北アルプスの道とは違う。

しかし、そんなことをいっていられたのは、最初の二十分だった。舗装された道は突然終わり、本格的な登山道になった。階段状になったところもあるが、周囲の木の枝をつかまないとくだることができない急なところが多い。足や腕に力を入れるため、汗が噴き出てくる。なかなかきつい。六十歳半ばの足腰にはかなり堪える。道はくだるにつれ、さらに急になっていった。

眼下に渓流が見えてきた。三光渓という川で、嘎拉賀野渓温泉はそこにあるという。沢の音も耳に届くようになった。しかし道はさらに険しくなった。三光渓が削った崖にさしかかっていた。足を滑らせると、一気に谷底に落ちていってしまうような道になる。疲れが溜まった膝ががくがくと震える。

こんな道を歩いて温泉に行くのか……。

汗を拭いながら、なにもここまでして……と呟いてしまう。

さらにくだった。眼下に嘎拉賀野渓温泉が見えた。滝が勢いよく流れ落ちている。その滝つぼに浸かっている人がいる。どうもあそこが温泉らしい。しかしその前には、流れの速い川があった。そこを渡るらしい。

崖に足を渡し、さらにくだる。と、切り立った崖の上に出た。ところどころが崩れた梯子がとりつけられていた。そろり、そろりとくだっていく。やっと河原に出た。持参していた水を一気に飲みながら、溜め息をついた。

途中から階段状の道になり、やがてこんな崖の道に。眼下には三光渓

三光渓を渡り、さらに対岸のこの岩。身軽でなければ辿り着けない

河原にへたり込み、対岸の滝をぼんやり眺めた。

「じゃあ、行ってきます」

広橋さんは水着に着替え、バシャバシャと川を渡っていく。その先すぐに温泉があるわけではない。さらに崖にへばりつくように伝って、ようやく滝つぼに辿り着く。

悩んでいた。川を渡ろうか……。

帰りの山道を考えていた。くだりでこれだけきついのだ。それを登っていかなくてはならない。これが精神的にきつい。

温泉というものは、「そこであがり」という感覚が僕にはある。北アルプスの山を登り終え、登山口に近い温泉宿にザックを置いて、湯に浸かる。あれは快感である。達成感の後のビールも待っている。そしてのりの利いたシーツが敷かれた布団……。温泉とはそういうものではないか。いくら嘎拉賀野渓温泉の湯がいいからといって、浸かった後、一時間半、いや二時間、急な山道に汗を絞らないと近くの村には着かないのだ。

対岸の滝つぼに浸かる広橋さんが手を振っている。どういう感性なのだ。台湾に長く住み続けたことがいけないのではないか。日本人の温泉の楽しみ方を忘れてしまっ

左：嘎拉賀の集落までの急な登山道を考えると……。ただぼんやりと渓流を眺めていた

下：滝つぼに立つ広橋さんは満足げ。湯加減もちょうどいいことが表情から伝わってくるのだが

たのではないか。

川は渡らなかった。つまり温泉には入らなかった。テンションがあがらないのだ。戻ってきた広橋さんの、「流れる滝が温泉なんですよ。滝つぼもいい湯加減」という言葉にも気持ちが動かなかった。この人は帰りの山道のことを忘れているのではないか。

首うなだれ、山道を登りはじめた。途中、何度も休んでしまった。谷を渡る鳥の声が心に届いた。

這いあがるようにして嘎拉賀の集落に戻った。汗を拭き、水をがぶがぶと飲む。すると、案内役の広橋さんの声がかかった。

「次は秀巒（シウルアン）温泉に行きましょう。そこに野渓温泉があるって聞いていますから」

「野渓温泉？」

梵梵野渓温泉で膨らんだ野渓温泉のイメージは、嘎拉賀野渓温泉で一気にしぼんでしまっていた。温泉は上質なのかもしれないが、きつい山道に汗を流さないといけなかったのだ。いくつかの温泉に入り、広橋さんの秘湯感覚もわかってきた。案内されるがままに向かうとかなりきつい。

「また山道？」

「地図で見ると秀巒村は谷底にある。でも、そこまで車で行けるから、たぶん山道はないと思いますよ」

その言葉にすがるしかなかった。

車はカーブが多い山道を進んだ。山の中腹にキャンプ場があった。そこから眺めると、秀巒村は谷あいにある。民宿は一軒ある、とキャンプ場の管理人が教えてくれた。

坂道を一気にくだった。秀巒村は想像以上に大きな村だった。タイヤル族が多く住んでいる。一軒の食堂と売店もあった。

台湾の秘湯旅は、先住民の村を巡る旅である。日本もそうだが、温泉は山深い渓谷に湧出することが多い。台湾ではそこが先住民の世界だったのだ。

先住民とひと口でいっても、そこにはさまざまな民族がいる。タイヤル族はそのなかでも大きなグループだ。顔立ちは漢民族のそれとはかなり違う。フィリピン人やインドネシア人に似ている。

タイヤル族に限らず、先住民はとにかく人がよかった。ときに度がすぎるほどだが。とくに日本人には親切だった。

日本統治時代、先住民は親日派が多かったことはお話しした。秀巒村にも立派な教会があった。

その先に食堂があった。奥で売店とつながっている構造だった。台湾にある店というより、フィリピンの田舎町にいる気分になる。皆、片言の日本語で話しかけてくる。はじめて会った日本人だという男性もいた。

それなのに日本語を知っている。おそらく両親や周りの人が話していた記憶が残っているのだろう。「これはどう」、「こっちはおいしい」と盛んにすすめる。そしてこれも飲むか、と差し出されたのは、台湾ではめったに見ない安い酒だった。

先住民は酒と歌が大好きだ。しかし彼らと台湾に多い福建系や客家といった漢民族との経済格差はかなりある。先住民の村にいると、最後には貧困に出合ってしまう。

泊まったのは原舞曲民宿という宿だった。宿の主人が野渓温泉を案内してくれることになっていた。彼は客家だった。

翌朝、宿の食堂に行くと、「行きましょう」と日本語で声をかけられた。訊くと前妻は沖縄の人だったという。

秀巒村の一軒食堂。テイクアウトも OK。この店の先に 100 元の共同浴場もあった

原舞曲民宿にも家庭の風呂のような浴室だったが、温泉が引かれていた

台湾の山中の村。そこに行くと、いままで接したことがない日本に出合う。宿の主人を追うようにして村を横切り、吊り橋を渡った。川沿いの道を少し歩くと主人の足が止まった。このあたりだという。

山道を歩くことはなさそうでホッとしたが、このあたり、といわれても……。するとと主人は、泰崗渓（タイガン）と呼ばれる川に向かって進んでいった。しかし背丈が二メートルもある草に向かってやみくもに突っ込んでいく感じだ。道がないのだ。

嘎拉賀野渓温泉はきつかったが、道はあった。しかし秀巒野渓温泉は道がなかった。藪を押しわけて進むこと十分。ようやく河原に出た。小石が並ぶ河原ではなく、大きな岩がごろごろと積み重なっている。その間を伝い、身を乗り出すようにして川の水に手を入れてみる。

冷たい。温泉の気配がしない。

「昨夜の雨で水量が増したからね」

と主人が呟くようにいった。どうもこのあたりに野渓温泉があったらしい。川底を掘り、川の水を流し入れて適温にする。入浴すると、体の横を川の水が流れるような野渓温泉だったのかもしれない。しかし川の水量が増し、水没してしまったらしい。

上：秀巒村の宿の主人の劉奕淇さん。身のこなしが軽い。山道を歩きなれている雰囲気だった

左：村の野渓温泉は道がない。車道から入り、背の高い草のなかに突入していく。やみくもに……

野渓温泉は、一期一会の存在でもあった。

秀巒村から台北に戻ることにした。車は坂道をのぼり、宇老観景台という峠にある展望台で休んだ。眼下には玉峰渓という深い谷が見えた。この一帯にも先住民の村があるのだろう。そこには、これまで僕が見てきた台湾とは違う世界が広がっている。

車は山道をくだりはじめる。しだいに家が多くなっていく。内湾の手前にある錦屏にある温泉に入った。そこは何種類もの温泉が敷地内に点在する健康ランドだった。高温の浴槽、打たせ湯、流れるプールのような温泉……。台北からやってきた人が一日、のんびりと湯に浸かる施設だった。

入口でキャップを受けとった。入浴する人は皆、キャップをかぶることがルールだった。山のなかの秘湯や野渓温泉ばかり渡り歩いてきた僕は戸惑ってしまう。ようやく、こういう世界に戻ってきた……。それは安堵を内包した寂しさでもあった。

上：途中にあった錦屛でひと風呂。日本でいう健康ランド。ここにはもう先住民の姿はない

左：いくつもの浴槽が敷地内に点在している。浴槽ひとつの温泉ばかり渡り歩いてきた身にはちょっと新鮮

台湾温泉通が教える台湾百迷湯・北部編

紗帽山温泉

「今日は冷え込むなァ」

台湾は常夏の島だと思っている人もいるかもしれないが、日本が冬を迎えている時期は、気温もさがる。寒気に覆われた台湾の休日は温泉日和。台北市民はこぞって温泉地をめざす。台北市の北側に住む人々は、新北投温泉、金山温泉、陽明山温泉群。南側に住む人々は烏來（ウーライ）温泉、礁渓（チャオシー）温泉……といった具合だ。

私（広橋）はその日、陽明山エリアに向かうことにした。市内から車で二十分〜三十分の陽明山エリアの温泉は、日帰り入浴にはもってこいだ。春先には山桜、ツツジが咲き、行楽客も増える。私もちょくちょく出かけるエリアだ。

台湾の温泉施設にはさまざまな種類がある。旅館&ホテル、レストランを併設した日帰り温泉、自治体が運営する無料の共同浴場や銭湯などだ。それぞれの施設も、個室や家族風呂タイプ、男女にわかれ、日本式に裸になって入ることができる大浴場、水着を着る男女混合の外湯などがある。そのすべてを陽明山エリアの温泉は備えている。

そのときは、食事も兼ねて知人を案内することになっていた。陽明山エリアの紗帽(サーマオ)山(サン)温泉に行くことにした。レストランと温泉が合体した施設が多いからだ。台北市内の中心からならタクシーで三十分、MRT淡水線の石牌駅からならタクシーやバスで十五分ほどの距離だ。観光客でも気楽に訪ねることができると思う。

車が坂道をのぼっていくと、ほのかにイオウの香りが鼻によぎってきた。ここからがすでに温泉エリアで、周辺の高級住宅のなかには温泉をひいている家もあるという。やがて「椰林(イエリン)温泉」「湯瀬(タンライ)」「櫻崗(インガン)」など案内板がひしめく場所が出てきた。紗帽山温泉である。右手の谷間に入っていくと、湯煙をもうもうとあげる噴出口、硫黄谷地熱景観区と名がついた散策ルートがあり、いで湯気分もたっぷりだ。

私がいつも向かうのは、紗帽山温泉の皇池か川湯。この周辺の温泉のほとんどが、男女別の浴室で水着着用ではないが、皇池、川湯は露天風呂があるのが気に入っているのだ。どちらもひとり四百元分の食事をしたら入浴は無料。先に四百元のチケットを人数分購入すれば、いつ食事してもいいというシステムだ。　私たちは風呂あがりに食事ということにした。

皇池、川湯ともに露天風呂は広く、温度別に三つの湯船と打たせ湯などがある。休日は入浴客であふれんばかりだ。陽明山では白く濁ったイオウ成分が強い白磺泉と、酸が強くやや透明度があって緑がかった青磺泉に大きくわかれるが、ここでは二種類の湯が一度に体験できるのもいいと思う。

紗帽山温泉のなかで人気を左右するのは、シェフの腕のように思う。料理にはうるさい台湾人。食堂がお粗末な温泉施設は生き残れない。その点で私は皇池のほうが中華料理を中心にメニューに偏りがないのがいいと思っている。名物の一品は陶器の壺にたっぷり入った海鮮粥で、入店後にスタッフからもすすめられるが、大人数でないと食べきれない。二〜三人で行くなら注文しないほうがいい。少人数で行ったときは、肉、海鮮、野菜などを一品ずつ選んでいる。食堂も大浴場も深夜まで営業しているので、昼間も夜も時間を気にせず行けるのが頼もしい。

●紗帽山温泉へのアクセス／MRT「台北車站」から淡水信義線で「石牌」駅下車。駅前からバス508番で「行義三」下車。徒歩数分。

台湾温泉通が教える 台湾百迷湯・北部編

陽明山温泉群

陽明山温泉群は日本でいえば箱根の温泉群にたとえてみるとわかりやすいかもしれない。箱根には大涌谷という噴火口の周辺にさまざまな湯質の温泉が分布しているが、陽明山にも小油坑、大油坑という地表に晒された噴火口がある。その周囲の水脈を通って温泉になって流れ出し、東西の広い範囲を覆っている。

紗帽山温泉はその西南部の端、といっていいだろうか。ここから急斜面に沿って七窟(チーグー)温泉、六窟(リウグー)温泉、国立公園内の前山公園温泉へと温泉場は続いている。

七窟温泉は二〇一九年の春に訪れたときはやや老朽化し、食堂もややひなびていて、昔ながらの台湾の温泉の姿を思わせた。大浴場はなく、裸で入ることができる個室浴室のみ。その点、客であふれていたのが六窟温泉だった。休日の昼どきは駐車スペースもなくなるほど。料理が大盛りで人気だ。コックのレベルも高いようだ。こちらも大浴場はなく、裸で入る家族風呂がメインだが、もちろん白濁の湯も上等である。

前山公園に行くと共同浴場があった。無料で入浴できる。池を挟み裸になって浸かることができる男女浴室にわかれている。池のほとりで湯あがり気分をすごすにもよいロケーション。

浴槽の構造がユニークなので、入るかどうかは別として、ぜひ見学してもらいたい。建物へ入ると、いきなり浴室なのである。そして円形の浴槽になっていて、地元の老人でいっぱい。そして浴槽の脇に脱衣棚があるという、至ってシンプルかつ便利なつくり。そして皆、円をつくるように入浴、または体を洗っているので、入浴するとどうしても正面の人の裸が丸見えになってしまう。はじめはやや違和感があるが、やがて慣れていく。

この共同浴場はいかんせん日本人だと衛生面で如何なものか、という人もいる。そこで、もうひとつおすすめしておくのが國際大旅館。米軍の保養施設にもなっていた歴史ある宿だ。共同浴場と目と鼻の先なので泉質は同じ。裸になって湯船に入ることができる男女別の浴室は百二十元で日帰り湯の客も使える。が、割と小さな湯船なので、混んでいることも多い。ゆっくりできるなら客室をとって一泊していくほうが満喫できるかも。

●陽明山温泉群へのアクセス／台湾鉄路「台北車站」駅ビル北口前のバス260番で終点の「陽明山總站」下車。前山公園温泉までは徒歩五分。さらに陽明山各エリアの温泉地へはターミナルから出ている周遊シャトルで行くか、タクシー利用が便利。

台湾温泉通が教える 台湾百迷湯・北部編

馬槽温泉郷

ここまで紹介してきたのは陽明山エリアのなかでもポピュラーな温泉。いってみれば表の顔。ここから裏陽明山ともいうべき小油坑の東側から北海岸のワイルドな温泉群が連なる、金山温泉までを――。

陽明山の裏手は台北市内から距離もあるため、あまり開発の手が入っていない。しかし裏側にも湯脈が続いている。最終的に海の方向に続き、金山、萬里方面にも温泉が湧き出している。

まず台北から北に向かう。陽明山の表温泉エリアを抜ける。春先の冷水坑（レンスイカン）温泉はハイキング客でにぎわっていた。冷水と名がついているが、ちゃんと熱い温泉が湧いている。こちらは国立公園の管轄なので、無料で内湯の、裸で利用できる共同浴場がある。周辺を散策した行楽客が入口の足湯で休んでいた。

そこから峠を越えていくと、急に交通量が減り、人里を離れた感が深まっていく。途中で大きな橋を渡る。これが馬槽（マーツァオ）橋で、脇を噴煙があがっていた。七股温泉だろうか。渡りきった場所に「日月農荘（リーユエノンズァン）」の立て看板が見えてきた。この周辺が馬槽温泉郷。日月農荘にも個室風呂の並ぶ温泉施設があった。日本式に裸で入ることができた。

このエリアには、周辺の温泉場きっての気分よい露天浴場があると聞いていた。それが馬槽花藝村（ホワイーツン）だ。行ってみてわかったが、やや中級者向けの準秘境温泉だった。途中の道の周囲には民家もない。雑木林が続く。ハンドルを握りながら不安になってきた。所々に付けられた「花藝村」の看板に沿って進む。ほとんどの客が車で行くので、駐車場に近づけばすぐわかるはず。

路線バスで行く人は注意してほしい。下七股(シァチーグー)バス停から徒歩になる。思いのほか長い時間、歩かされることになるからだ。

馬槽花藝村は、陽明山エリアではよくあるタイプの、食堂を併設する温泉場だった。雰囲気は開放的でローカルムード。食事をすれば温泉が無料。奥に入っていくと家族風呂のエリアと男女にわかれ、裸で入ることができる大浴場が広がっていた。

迷わず大浴場へ。泥湯エリアあり、打たせ湯ありで、白く濁った湯は温度も高く、湯量もたっぷり。なんといっても周囲の景観が雄大だ。太平洋を見おろす露天風呂。開放感はマックスだ。

●馬槽花藝村へのアクセス／MRT台北車站M8出口から徒歩二分、公園路のマクドナルド向かいバス停から皇家客運の1717番バスで「下七股（花藝村）」下車。徒歩約二十分。

台湾温泉通が教える台湾百迷湯・北部編

下七股野渓温泉

裏陽明山の山中で、自然の温泉が湧いている場所があるとは以前から聞いていた。が、どうも情報があやふや。事前に台北在住の温泉通に訊きまくった。それをもとに、比較的行きやすいという温泉に向かってみた。

下七股野渓温泉は台北市と新北市の境界の道路沿いにあるはずだった。グーグルマップには小さな橋に温泉のポイントがついている。しかし、温泉通によれば温泉は道路脇ではなく、しばらく歩いた場所に湧いているという。どちらなのだろう。車を停め、温泉を利用してきたと思われる男性に訊いてみた。路線バスを待っているようだった。

「この道の先、十五分ほどで見つかるよ」

親切にもスマホで撮ったルート写真を見せて解説してくれた。これは助かった。

近くの駐車場に車を入れて山道をおりていくと、他にも若い男性ふたりが歩いているのも見えた。割合と簡単に渓流脇に着いた。

水着姿のグループが、小さな湯溜まりに狭そうにかたまって湯に浸かっているのが見えた。白いイオウを含んだ細い湯脈が流れ落ち、その下に大きめの湯溜まりもつくってあった。五~六人が群がっている。小さいので、週末などは待ち時間ができそうだ。しかし、狭いなりに、入っている人同士が世間話をはじめたり、裸のつきあいをするにはちょうどよい広さなのかもしれない。水着着用なので、隣の清流に体を横たえる人もいる、夏に冷水浴を楽しみながら来るのが正解かな、と思ったりもした。

帰り道に、どうしてグーグルマップは実際に温泉が湧いている山中ではなく、温泉行きの歩道の入口にマークを打つのか、という意味を考えてみた。

自然の渓流温泉は、火傷などの危険性や衛生面への考慮もあるので、おおっぴらにはすすめられてはいない。途中には一切の温泉表記も矢印もない。この温泉は表向きには立入禁止になっているわけだ。だから民間人が看板などを勝手に立てたり、川べりに湯溜まりをつくると、警察が見つけて看板を外したり、浴槽を破壊したりする。その民間人と警察の攻防を知っているのか、グーグルマップは正確な地点を提示せずに、入口だけ示す？　ある意味では公の意志を汲みとっての「忖度」ともいえるのではないかと思った。

●下七窟野渓温泉へのアクセス／ＭＲＴ台北車站Ｍ８出口から徒歩二分、公園路のマクドナルド向かいバス停から皇家客運の１７１７番で「上磺渓橋」下車。徒歩約十五分。

台湾温泉通が教える台湾百迷湯・北部編

八煙野渓温泉

八煙（パーイエン）野渓温泉について、温泉通から、「車道を離れて多少歩くことになるよ」といわれていた。グーグルマップにマークされた温泉入口はスルーして、遊歩道の入口まで辿り着いてから、ゆっくり歩きはじめた。

ここは八煙温泉会館という日帰り湯の施設がある。日本式に裸で浸かることができる。この温泉会館に到着する手前の大きな看板を右にカーブしたところに脇道が走っていた。この先に温泉があるらしい。

温泉通のアドバイス通りに歩いてみた。途中で細くなった渓流を渡る場所もあり、この道で間違っていないかな？　と不安にもなるが、人の歩いた痕跡がある。その方向に歩くこと約三十分。鉄の柵が現れた。「警告区域」と札がかけられている。が、台湾の温泉ファンはそんな警告には怯まない。ちゃんと柵の脇に抜け道がつくられていて、容易に突破ができた。そのまま進むと、遠くに湯気がもうもうと立ち込めている。ようやく到着した。

すでに数名の地元の温泉フリークが、周到にもウエットスーツ姿で岩間にできた湯溜まりを囲んで記念撮影している。自然に湧いた温泉場なので、基本的には水着着用だ。

どうやらとても熱そうだ。こういう自然の湧き湯で気をつけるべきは、メチャクチャ熱い場所と川の水が流れ込んでいる冷たい場所があるので、慎重に温度確認することだ。アチッ！　と思ったら、すぐ近くが水だったりする。手を差し入れ、安心してその隣に足を踏み込むと熱湯だったりする。

森の奥からはモクモクと湯煙が立ちのぼっていて、そこが源泉であることがわかる。ふむふむ。湯に足先を入れると、源泉に近い場所はたしかにアッチアチだ。ほどよい場所に岩に囲まれた大きな湯溜まり、それに続いて下の段に大小三〜四つの小さな湯溜まりがあって本流に続いている。ひとつずつ温度を確認していった。ひとつの湯溜まりに浸かった。すっぽり人の体が肩まで浸かる深さになっていた。どうやら温泉好きがちょうどよい深さに掘り、冷水を引き入れる水路をつくったのだろう。日射しも柔らかく、ハイキング気分の入浴である。

後でわかったが、私の行った春先は、八煙野渓温泉が最もいい状態で入れるシーズンだった。というのも、夏は暑いので温泉目当ての人は少なく、メンテナンスをしないとだんだんと人工の湯溜まりが雨風に晒されて壊れてしまう。秋口から十一月ごろまでは相当ダメージを受けていることもあるという。そして冬場の温泉の季節になると多くのファンが集まりはじめ、人の手で天然の湯殿が再生されていくという循環を繰り返しているという。昨今のアウトドア人気も後押しし、この循環が続いていくことを願っている。

●八煙野渓温泉へのアクセス／MRT台北車站M8出口から徒歩二分、公園路のマクドナルド向かいバス停から皇家客運の1717番で「強薪」下車。徒歩約三十分。

台湾温泉通が教える台湾百迷湯・北部編

金山温泉

碏港公共浴室

台北の北海岸、陽明山から平地におりたら、港町でもある金山。そこには金山温泉郷が広がっている。ここには、男女別の裸で入る大浴場のある旧金山総督温泉や、個室のみの火山浴温泉館など、有料の人気温泉施設も数多くある。家族連れであれば、そういった場所で貸切風呂というのが正解だと思うが、地元の漁民が普段使いする無料の公共浴場も点在している。というわけで漁港の周辺に五つあるという公共浴場をハシゴしてまわることにした。

商店街の脇にある金包里（チンパオリー）公共浴室が最も行きやすい場所だった。その前で、ひとつしくじったことに気づかされた。共同浴場の多くが、朝五時から九時、夕方五時から九時という利用時間だったのだ。昼間は休みだった。しかたなく、旧金山総督温泉の向かいにある豊漁（フォンリャオ）温泉浴室と、海辺にある社寮（シャリャオ）公共浴室へ。ここも旧金山総督温泉同様、男女にわかれ、裸で入ることができる個室スタイルだったが、やはり昼間は入ることができなかった。

漁港近くにある磺港（ホアンガン）公共浴室は観光客向けに整備されていた。足湯スペースもあったのだが、男女にわかれた内湯は昼間クローズ。少し離れた場所にある男湯だけの旧浴室だけ昼間も開放されていた。誰も入っていなかったので、ひと風呂いただいた。

その日、最後に行った南屏（ナンピン）公共浴室は、漁港に隣接していたためか、昼間も休まずに開いていたので、入ってみることにした。共同トイレか？　と思わせるような男用・女用の人型マーク。目立たない場所にひっそり佇んでいる様子もご不浄の趣だが、なかへ入ると、石づくりの五〜六人入れそうな浴槽、洗い場がある。

地元の人のなかに、褐色の肌をした若者がいる。訊くとインドネシア人。港にいる船乗りなのだろう。たぶん船で寝泊まりして、風呂場を求めてやってくるのだと思った。

風呂場のない漁民の集う社交場。向かいが築港で、湯あがりにはポンポン船が漁に出ていく様子を眺められたりする、のどかな浴場だった。

ひなびた施設でもロケーション次第で気分のよい温泉浴が無料でできる、ということを再確認した。後日、営業時間に合わせて、台北から車で向かった。一時間ほどだ。こうして金山温泉郷の全公共浴室を制覇した。

●金山温泉へのアクセス／台湾鉄路台北駅東側の國光客運ターミナルから1815番のバスに乗車して「金山站」下車。またはMRT台北車站M8出口から徒歩二分、公園路のマクドナルド向かいバス停から皇家客運の1717番で終点「金山」下車。

台湾温泉通が教える台湾百迷湯・北部編

新北投温泉

新北投温泉は台北から近く、リゾートホテルやら公共の施設が増え、訪ねることが多い。

印象深いのは、名湯にして、戦前から銭湯として機能している瀧之湯。はじめて新北投温泉に足を踏み入れた三十年前からあった。そこから、徒歩ですぐ近くにある古びているが立派なホテル熱海大飯店。なんといっても名前が印象的で、当時はこのエリアで最大級だった。

地熱谷の上手にあった老舗の温泉旅館、星乃湯（逸邨）は料亭風の和風旅館。さらにその上手にある北投文物館、少帥（シャオスアイ）禅園のある場所も、かつての高級温泉宿。後に中国大陸から連れてこられた張学良もある時期、ここに軟禁されていた。高台からは和風の瓦屋根越しに温泉街が眺められ、かつてのにぎわいを思わせる。最近立ち寄ってみたら星乃湯、松閣樓は老朽化が激しかったこともあり、二軒とも再建されることなく廃業してしまった。ミレニアム初頭までは、立派に石を組み込んだ内湯があったことが思い出されるが、廃墟になった姿は見るに忍びない。

北投公園の脇でまだ現役で営業を続ける瀧乃湯は、二〇一七年に改装された。料金がひとり百五十元とやや高くなり、かつての面影がやや欠けてしまってからは足が遠のいている。しかしいまも裸で利用できる男女別の内湯は健在。とにかく当時は湯が熱かった。ローカルの常連老人たちが常に来ていて、熱くても静かに浸かっていたり、浴槽の縁に座り、出たり入ったりを繰り返して、もて余した時間をすごしていた。その爺さまたちも入場料値あげに「毎日来てられんわ」ということになったようで、主に観光客向けになっている。

温泉街の中心である北投公園内は年々、手が加えられている。かつて共同浴場として利用され、日本時代から残る施設を再建した温泉博物館。浴室自体は利用できないが、畳を敷き詰めた休憩室がそのまま再現。歴史を回顧する展示品もそろえてある。

新北投駅周辺の七星公園には鉄道の旧駅舎が復元された。五ツ星のロイヤルホテルグループが老爺（ラオイエ）北投温泉を開店したが、駅前の狭苦しい敷地に建っているからだろうか、意外と地味目。どうやら隣接する健康診断センターとジョイントして、ヘルシー休暇を味わってもらおうという戦略を展開中のようだ。

台湾にやってくる友人たちは、それぞれ、行きつけの温泉がある。「ホンモノはやっぱりここよ」とばかり、地熱谷の脇にある古ぼけた銭湯、景泉浴室（チンチュエン）に向かう知人もいる。料金はひとり百五十元。うなぎの寝床のように長くのびた廊下の両側に、裸で入る浴槽と洗い場があるちょんの間（ま）風の部屋がある。つくりはややお粗末だが、出る湯はイオウの量が多い、見た目にも上等の泉質である。石けんが泡立たない。それほどに酸が強い湯だ。

「静かな場所がいいね」と、温泉密集地の外にある、男女に分かれた露天風呂がある麗之湯温泉会館（リージタン）や水舎銀光（スイシャイングアン）に好んで通う知人もいる。温泉街の奥にある分、それほど多くの客に踏み込まれていない湯屋は裸で利用でき、ひとり五百元ほど。

誕生日の記念にと、家内と日勝生加賀屋（リーシェンセンチアホウー）に泊まったことがあった。石川県七尾温泉の名宿、加賀屋と台湾の建設会社がジョイントでつくりあげた高級宿である。サービス自体はまったくの日本スタイルで、夕食も部屋出し。和服の女性が丁寧にサービスしてくれることも含めて、たしかに台湾では唯一、ここでしか味わえない体験ができる。ただ、裸で浸れる大浴場が内湯。日本の温泉に入り慣れている人にとっては、それほど感動する場所ではないかもしれない。

個人的に気に入っているのは、もう少し気軽に利用できる温泉施設なのだが、そういう意味で、最近ふらっと入ってみた泉都温泉会館は悪くなかった。ＭＲＴ新北投駅前。一見してラブホテル風なので敬遠していたが、制限時間二時間、客室内でひと眠りできる。浴槽は温泉が出て一室千元前後とコスパ抜群。もしかしたら四人で一室を利用しても同じ値段かもしれない。

格安といえば、もうひとつ、新北投温泉でローカル気分に浸かれる温泉場を見つけた。それが北投青磺（ベイトウチンファン）名湯。旧北投温泉の商店街のど真んなかにあるので、これまでノーマークだった。ここは市民のための銭湯という立ち位置なのだろうか。観光客はそれほど利用していないようで、値段が安いので主に近隣の人たちが入りにくる。入場料八十元を支払い、ゲートを通って男女別の内湯へ。裸で入ることができる。瀧乃湯を追われた常連たちが皆こちらに移動してきてしまったように、老人の憩いの場になっていて、熱気ムンムン。大浴場にこだわっている人にはおすすめだ。

●新北投温泉へのアクセス／ＭＲＴ台北車站から淡水線に乗車して「新北投」駅下車、徒歩すぐ。

台湾温泉通が教える台湾百迷湯・北部編

礁渓温泉

台北市の北側に住んだときには、新北投温泉の常連だった。二〇〇三年に動物園のある台北南側に引っ越してからは、東海岸の礁渓(シャオシー)温泉に通うようになっていた。直線距離では烏來温泉のほうが近かったのだが、冬は混雑するし、あまり魅力は感じなかった。

礁渓温泉は十二・九キロの長さの雪山トンネル開通のおかげで、台北市内から四十分。気に入っていたのは、手頃な日帰り入浴施設が多数あったからだった。温泉街の中心、源泉の脇を流れる小川沿いにつくられた湯圍(タンウェイゴウ)溝温泉公園のなかにある、檜の浴槽を使った大浴場は、日本の設計会社が手がけた本格的な公共浴場。ひとり八十元と安かったが、男女別の大浴場だけだったので、最初のうちは春和泡湯(チョンホーパオタン)(大浴場ひとり七十元、個室四十分百八十元)の個室風呂に行っていた。

ここには男女露天風呂もあって、小さな公園ほどもある広場の周りに、二~四人で入れる個室風呂が囲んでいる。風呂あがりに広場に皆が集まって、ピクニック気分でくつろげるムードがよかった。泉質は無色無臭で刺激が少ないタイプだが、滑らかな入り心地が特徴である。

ほどなく春和泡湯の大盛況ぶりを見て、同じ価格帯の日帰り施設が周囲に林立した。源来如池（ユエンライルーチィ）（大浴場ひとり百元、個室四十分二百元）とか、半露天の家族風呂がほかの場所よりも広い雅閣（ヤーゴー）温泉行館（一時間三百元から）など、清潔な日帰り施設が増えていくごとにあちこちを試していた。いまなら新しくて清潔感があって、大浴場も家庭風呂もある春水笈（チュンスイチィ）がベストチョイスだろうか。すべての施設が水着なしで利用できる。

●礁渓温泉へのアクセス／台湾鉄路台北駅から花蓮台東方面行きに乗車して「礁渓」駅下車、徒歩数分。

台湾温泉通が教える 台湾百迷湯・北部編

烏來温泉

週末の礁渓参りを続けていると、雪山トンネルで渋滞に巻き込まれることが多くなってきた。「混むからやめようか」というテンションになり、足は遠のいたのだが、そんなとき、友人から「烏來温泉にいい場所があるよ」といわれて行ってみたのが烏來名湯だった。

いやはや、ここにひとめ惚れしてしまっていまに至っている。

南勢渓(ナンスーシー)沿いのクネクネした坂道をずんずん車でのぼる。台北市内から南下すること三十分強。だんだんと山深くなっていく景観の移りかわりが四季折々で美しい。数軒の瀟洒(しょうしゃ)な温泉ホテルをすぎ、支流の桶後渓(トンホウシー)のほうへ入って五分ほど。人家もまばらな場所に烏來名湯の入口がある。

手つかずの自然に囲まれている感じがいい。ここでは家庭風呂を利用することが多いのだが、半露天式になった突き出した場所にあり、渓流がごうごうと流れる音を聞きながら湯に浸かる。男女別の大浴場も浴槽は広く、こちらも半露天なので雨が降っても心配することがない。水着も必要なく、日本とまったく同様の温泉気分になれる。烏來温泉の湯は無色無臭で、正直ただの沸かし湯に入っている気分だが、温泉は温泉である。利用料金は個室も大浴場も一律ひとり五百元、子供は無料か半額、夏期は割引がある。

行きつけの食堂もできた。烏來温泉に向かう道中の亀山という集落にある「蜜厨（ミーツゥ）」という店なのだが、こちらのコックさんが優秀で、旬の野菜や自家製の水餃子、惣菜などを出して、ローカル客に人気の店なのだ。

この食堂ではちょっと変わったメニューも用意している。かなりの確率で注文するのが、ジャスミンティの茶葉が入った香りのよい炒飯。そしてイカの餡がたっぷり入った揚げ巻。

洋食を食べたい気分であれば、景観がいい廣興（クァンシン）エリアの「La Villa」というカフェへ。風呂あがりにこれらの食堂やカフェに行き、帰宅するというコースができあがっている。

烏來名湯を見つけて以降、烏來温泉で他の温泉場に行かなくなってしまった。が、

小さい街だが、バス停や駐車場先の小橋を渡った向こう側に商店街と温泉街が続いていて、河岸にへばりつくように小さな温泉宿がいくつか並んでいる。河原におりると、以前は無料の公共浴場があって、水着を着た行楽客でにぎわっていたが、台風で流されたことを機に、廃止されてしまった。

源泉はそのまま残っているはずなので、いまも探せば温泉が湧き出している場所もあるのだろう。いつか密かに禁を破って、夜霧に紛れて入りにいってみようかな、などと画策している。

●烏來温泉へのアクセス／MRT新店線で「新店」駅下車。バス849番に乗り継ぎ終点「烏來」下車。またはMRT台北車站M8出口付近の公園路と青島西路交差点脇にある烏來行きで849番で終点下車。「烏來名湯」はバス停から徒歩約十五分。

第二章

台湾中部

山中の秘湯に出現する「日本」

台湾温泉MAP
台湾中部
台湾海峡
新竹
新竹
内湾線
苗栗
縦貫線
台湾高速鉄道
虎山温泉
泰安警光山荘
大雪山
南湖大山
中央尖山
馬陵野渓温泉
麒麟峰温泉
台中清新温泉飯店
谷関温泉
北廻線
台中
北港渓温泉
廬山温泉
精英野渓温泉
埔里箱根
花蓮
春陽温泉
埔里
高速公路
中央山脈
彰化
集集線
日月潭温泉
水里
雲林
縦貫線
高速公路
東埔温泉
楽楽谷野渓温泉
太平洋
瑞穂
阿里山森林鉄路
嘉義
嘉義
玉山
中崙温泉
關子嶺温泉
新営
台東線
N
25km

台中方面の温泉にも、広橋さんが運転する車で向かった。北埔（ベイプー）という客家の村で昼食をとった。たいぶ前にこの村を訪ねたことがあった。竹東からバスに乗った記憶がある。

竹東の駅前の観光案内所でもらった地図を頼りに、北埔の裏山に登った。そこに日本時代の神社跡が残っていると記されていたからだ。

神社に登る石段はしっかり残っていた。その上には石灯篭などもあった。社殿などはないが、灯篭の裏には、しっかりと日本語が刻まれていた。

北埔は山のなかにひっそりと佇む客家の村だった。こんなところまで、日本は神社を建てた。台湾のなかに残る日本時代の密度には戸惑いもする。

久しぶりに訪ねた北埔は、ずいぶん立派な観光地になっていた。課外授業なのか、小学生の団体もみかける。もう、村というより街である。

この周辺は客家が多い一帯でもあった。山のなかの客家の村は、観光地化がどんどん進んでいる。台湾に多い福建系の人々にしても、客家文化とは共通点が多いから、訪ねやすいのかもしれない。それに比べれば、先住民の世界は異質だった。まったく違う歴史と文化が流れている。

客家は台湾の人口の二割弱を占めている。それなりの存在感もある。テレビには客家語のチャンネルもある。ATMで選ぶ言語のなかには、英語や日本語に並んで客家語があることが多い。民進党と国民党に割れる台湾の選挙だが、そのキャスティングボートを握るのが客家票だといわれる。現在の総統である蔡英文も客家人である。この周辺ではなく、台湾の南部の出身だが。

南下を続けた。途中から汶水（ウエンシュイ）渓という川に沿った道を進んだ。その日は虎山温泉に泊まるつもりでいた。広橋さんの車にはカーナビがついていないため、スマホのカーナビが頼りだった。それを見ていた彼が首を傾げた。

「虎山温泉、地図をいくら拡大しても、川の中洲だっていう表示が出てくるんです」

「中洲？」

そんなところに温泉宿をつくっていいのだろうか。台湾は水害にしばしば襲われている。

虎山温泉の駐車場は、川岸の斜面につくられていた。そこから温泉に行くには、吊り橋を渡らなければならなかった。やはり温泉は中洲にあるのだ。吊り橋はそれほど長くはなかったが、やはり揺れる。荷物を手に歩くと少し怖い。

上：久しぶりに訪ねた客家の村、北埔。食堂で客家小炒を頼む。僕の好物です（口絵３頁）

左：虎山温泉に行くのに、汶水渓に架かる吊り橋を渡る。吊り橋は温泉を演出する小道具？

翌日になってわかったのだが、この吊り橋は少し演出も含まれていた。翌朝、駐車場に向かおうとすると、宿のスタッフがこういった。

「車で送りましょうか」

「車?」

吊り橋は車が走ることができるようなものではない。しかしせっかく送ってくれるというのだから、断る通りもない。乗り込むと、車は吊り橋とは逆の方向に進みはじめた。しばらく進むと、河原のようなところに出た。水はほとんど流れていない。すぐに水没してしまいそうだが、未舗装の道もつくられていた。そこを越えると、農道のような道に出た。駐車場のある斜面とは対岸にあたる。川に沿って少し上流に進むと、立派な橋があった。そこを渡り、まわり込むように進むと駐車場だった。

虎山温泉の構造がわかってきた。温泉はたしかに中洲にあった。といっても小山のような中洲で、その上に施設が建っている。雨で川の水が増えても心配のない立地だった。川の流れは一応、ふたつなのだが、水量は吊り橋で渡る側のほうが圧倒的に多い。もうひとつはほとんど水がない。

つまり、虎山温泉まで車道をつくることはそれほど難しいことではない。しかしあ

左：虎山温泉の大浴場の外には露天風呂も。日本の温泉を意識している？

下：この日の宿代は夕飯と朝飯がついて、ひとり1333元、約4666円

えてそれをせずに、温泉まで吊り橋を渡る。そこには台湾人の温泉のイメージが重なっているようだった。

第一章で清泉温泉を紹介した。張学良が幽閉されていた温泉である。そこに行くのに、コンクリート製の立派な橋もあったが、駐車場からの道は吊り橋で川を越えるルートになっていた。台湾人の温泉意識には、吊り橋がセットになっていた。日本の温泉地を思い出してみても、そういう存在はない気がする。足湯だろうか。いや源泉から立ちのぼる湯気……。しかしそれよりももっと強い存在として、台湾人の温泉観には吊り橋がインプットされている。山のなかの温泉郷というイメージは、吊り橋がないと完結しないのかもしれない。

虎山温泉はごく普通の温泉だった。さらりとした炭酸泉で、露天風呂もある。日本の温泉宿に似ていた。

翌朝、汶水渓に沿った山道をのぼってみることにした。川沿いの道を行き止まりになるまで詰めていく。それは台湾の秘湯をめざす基本ルートである。小学校らしき建物の壁に、タイヤル族の人々が描かれていた。ということは、ここはタイヤル族の村らしい。山道をのぼっていくにつれ、先住民の世界に入っていく。これも秘湯旅のお約束だった。

グーグルマップをナビ代わりにして進んでいった。温泉宿が並ぶ泰安温泉を通りすぎ、グーグルマップ上では道がなくなる地点まで詰めた。と、そこに、再び泰安温泉という小さな看板が立っていた。

「泰安温泉は、この先にまだある?」

行ってみることにした。崖にへばりつくような急坂をのぼる。広橋さんの車はなかなか頼もしい。道は大きく曲がり、さらに急な坂にエンジンを吹かすと、目の前に日本風の建物が見えてきた。まさにどん詰まり。背後は険しい山である。そこに温泉があった。

「泰安警光山荘」――。入口にはそう書かれていた。警の文字から想像がつくように、警察官の保養所である。建物は日本の老舗旅館を思わせる。訊くと、日本の統治時代に建てられたものだった。日本の警察官向けの施設だったのだ。その後、台湾の警察官向け温泉に転用されたが、いまは一般客も自由に入ることができるという。

内部も日本の温泉宿そのものだった。入り口で百元、約三百五十円を払って浴室に向かう。日本の日帰り湯に来たような感覚である。浴室も男女にわかれていて、入口には、「男湯」と「女湯」というのれん。つまり日本式に裸で入ることができる。湯はかなり熱かった。これも日本風かもしれない。いい湯である。やってくるのは地元の人ばかりだった。皆、銭湯感覚でやってくる。

湯に浸かりながら、通路に貼ってあった昔の写真を思い出していた。そこには、この温泉周辺に赴任した日本人の警察官の姿が映っていた。学校の校庭で開かれた柔道大会の写真もあった。家族の記念写真もあった。その横には、この一帯に置かれた駐在所の地図が掲げられていた。日向駐在所、モギリ駐在所……。その場所は、この温泉よりさらに奥だった。

奥……。車で川に沿った道を詰めてくると、ここが行き止まりだった。ここから奥は人の足で進むしかない山道だった。そこが先住民の暮らす世界だった。

台湾を植民地にした日本は、都市には日本軍を配備したのだろうが、山中の先住民世界と対峙したのは警察官たちだったのだ。山道に沿って駐在所をつくっていった。警察官は、そこで家族と暮らしたわけだ。先住民と日本の関係は入り組んでいる。親日的な部族もいたが、なかには、日本支配に反発する部族も多かった。駐在する警察官は、そんな部族と対峙しなくてはいけなかった。

歴史のある老舗温泉旅館……。日本人ならきっとそう思う外観

泰安警光山荘は館内も日本風。左右にある部屋はきっと元宴会場

泰安警光山荘。ここはそんな警察官や家族向けの温泉だった。先住民エリアの山間から出てきたところに建てられたわけだ。山と下界の接点。それは先住民と漢民族の境界だった。山のなかの暮らしは緊張の連続だったのかもしれない。漢民族が暮らす世界は、日本の支配が隅々まで及んでいた。つまり管理されていた。しかし先住民たちへの管理は、十分ではなかった気がする。先住民たちは生活習慣や使う言葉も違う。漢字の読み書きもできなかった。

以前、台湾南部の民宿に泊まったことがあった。宿を出るとき、領収書をお願いすると、フロントにいた先住民の女性から漢字が書けないといわれた。南部の先住民にバス停を訊いたことがあった。その女性は中国語ができない僕に、スマホになにやら書き込んで見せてくれた。二百メートルほど先の角を曲がったところにあるという説明だったが、文字は英語だった。

先住民の子供たちへの教育もしだいに浸透し、いまでは先住民の若者は中国語を話し、漢字の読み書きができる。しかしその上の世代は、まだ漢字が苦手なのだ。

泰安警光山荘におりてきた日本人は、日本語や漢字にとろけるような安堵を抱いたかもしれない。ここから下は、日本の支配地域という感覚もあった気がする。いや、

左：温泉は完全に日本風だった。皆、裸。僕ら以外全員が地元の台湾人

下：通路に沿った壁には、日本統治時代の写真が。これは警察官の柔道大会のもの

日本人にとっての避難所でもあったかもしれない。

泰安警光山荘が警察官の保養所と聞いたとき、台湾全土にいる警察官たちが保養のためにこの温泉にやってきたよう思えた。そんな警察官もいたのかもしれないが、多くは山中に勤務する警察官だったのだろう。

車道の終点につくられた温泉。そこには先住民にからんだ日本があった。秘湯には、日本統治時代の構造が潜んでいた。

泰安警光山荘から南下し、やがて台中市に向かっていく。台湾第二の都市といえば、南部の高雄ということになっていたが、近年、台中が第二位に昇格した。行政エリアが変わったことも一因だが、台中の人口が増えていることも事実だった。そこから近いということもあるのだろうか。南下する道沿いにあるのは、健康ランドのような温泉ばかりだった。麒麟峰温泉に寄ってみた。施設内にはさまざま種類の温泉がある。個室もあった。なかを見せてもらうと、部屋にキングサイズのベッドがあり、その奥には浴槽が置かれていた。

入口の料金表を見ると、「休息」という料金も設定されていた。

「そういうこと?」

台中からの日帰り客が多い麒麟峰温泉旅館。裸で入る日本式温泉がいちばん人気

台中手前の食堂で 70 元、約 245 円昼食。名物の鶏肉もこの値段だと脂身が多い

台湾の健康ランドは、そういう需要もしっかりととり入れている。商売熱心というか、間口が広すぎるというか。

そこから紹興酒で知られる埔里（プーリー）の酒蔵に寄り、眉渓（メイシー）という川に沿って中央山脈にわけ入っていった。平地にある一般向け温泉地帯から離れていく。近づいてくる濃い緑の山々を見ると、ちょっと落ち着いてくるから不思議なものだ。広橋さんの車に乗っていると、しだいに秘湯体質が刷り込まれていくのだろうか。

めざしたのは廬山（ルーシャン）温泉だった。しかしその途中、台湾の地図にも表記がない温泉を目にしてしまう。広橋さんが頼りにしているのは、台湾の詳細な地図だった。そこには温泉名も表記されているが、温泉マークだけがぽつんと記されているところもあるらしい。かつて温泉宿があったが、水害などで消失してしまったところが多いという。一応、そんな温泉もチェックしているようだが、途中で目撃してしまった温泉は、その温泉マークすらない場所だった。

こういう温泉に出合ってしまうと、広橋さんは冷静さを失う。車のハンドルを切り、施設内に入ってしまった。

施設の上に、「埔里箱根」という大きな看板が掲げてあった。

「看板に温泉マークがあるし、あえて箱根と名づけたんだから温泉じゃないですか」

僕の声ももう耳には届かない。唐突に現れた温泉。避けて通るわけにはいかないのだ。

埔里箱根のオーナーはこう説明してくれた。

「突然、温泉が出たんです。もう二十年近く前かな。施設を建てたのはその後ですけど」

周辺には、温泉民宿を含めて三軒の温泉しかないという。温泉地というには……という段階で止まっているらしい。

「でも、やはり温泉には名前がないと。いっそのこと埔里温泉っていう名前にしませんか」

と畳みかける広橋さん。全温泉を制覇するということは、温泉地をつくることでもあるらしい。台湾らしい話ではあるが。埔里箱根に入らせてもらった。さっぱりとしたいい湯だった。

湯に浸かりながら、台湾の人たちの日本の温泉とのつながりを考えてしまった。ここは埔里箱根という温泉名なのだ。箱根はもちろん、日本の箱根温泉である。台湾の人たちはその地名を知っているのだ。でなければ、温泉の名前につける意味がない。

台湾には戦前、日本式の温泉がいくつもあった。泰安警光山荘もそのひとつだ。山の奥には、そんな建物が当時のまま残っている。そのつくりは箱根温泉と似ていたはずだ。箱根温泉は古い温泉地である。富士屋ホテルは一八七八年、明治十一年の創業である。台湾に温泉宿をつくっていった日本人たちのなかには、箱根温泉の宿をイメージした人もいるかもしれない。

しかし台湾の日本式温泉は、日本の敗戦でいったん途切れてしまう。それから四、五十年。ビザも緩和され、多くの台湾の人が日本に観光でやってくるようになった。そこで日本の温泉宿に出合うのだ。台湾には、日本式の温泉施設が残っているというのに、まるで別物のように、「日本の温泉はいい」と評価していく。たしかに台湾に残された日本式温泉施設は老朽化が進んでいる。雰囲気はあるが、安い共同浴場として使われているぐらいだ。台北の北側の新北投温泉には、戦前からの高級老舗温泉も残っているというが。

埔里箱根は台湾人がつくった温泉だ。温泉内の構造も、日本のそれとはかなり違う。しかし台湾の人たちは、箱根という地名に敏感に反応し、「いい温泉かも……」

埔里といえば紹興酒の産地。酒づくりが盛んになった理由は水がいいから

埔里から眉渓に沿って山に向かっていくと……。温泉名に使われる日本

と、車のブレーキを踏んでしまう。この温泉のオーナーの頭のなかは、そんな感じだろう。

台湾と日本はこんなふうにつながっている。世代は変わっても、温泉といえば日本になびいていく。台湾の温泉を訪ねる旅には、なにげなく日本が横たわっている。

そこから一気に山に入っていった。廬山温泉をめざす。

温泉が出たところがある反面、廃止されていく温泉もある。そのひとつが廬山温泉だった。台中周辺で訊いたところ、もう廬山温泉はないという。あれほど有名だった温泉が消えてしまったのか。

廬山温泉を廃泉に追い込んだのは水害だった。二〇〇八年、台風がもたらした増水で、廬山温泉は甚大な被害を受けた。この温泉は台湾では有名な温泉だった。山に囲まれた深い谷に五百軒を超える温泉宿があった。

日本でもそうなのだが、雰囲気のある温泉地は、斜面に温泉宿がへばりつくように建っているところが多い。水害や土砂崩れが起きやすいのだ。

廬山温泉も同じだった。将来も危険を抱えているという判断から、政府は廬山温泉の廃止を決定する。埔里近くに代替地を用意したが、そこはただの平地。山深い温泉という雰囲気はない。温泉宿のなかには、政府の決定に従わないところもあるという話だった。

峠を越え、急な坂道を車はくだり、谷底をめざす。温泉の入口に出た。

「ん？」

そこには客引きのおじさんが立っていたのだ。彼は車のなかの僕らに向かって、怒ったような表情でこういった。

「廬山温泉がもうないっていうのは風評。二百軒近くが営業してますよ」

客引きなのだから、もう少し愛想をよくしたほうが……とは思うが、よほど腹立たしい思いをしているのだろう。政府が代わりに用意した土地には一軒の宿も建っていないという。

塔羅湾（タールオワン）渓という川に沿った小さな駐車場に車を停め、石段を登って温泉街に出た。幅二メートルほどの坂道の周りに、土産物屋や食堂、温泉宿が連なっていた。その風景を目にしたとき、日本の温泉街に迷い込んだような気分になった。伊香保？　草津？　別府？　どこかに似ていた。ぴたりとイメージが合わないから多少の苛立ちもあるが、街並みは日本の温泉街なのだ。

廬山温泉は日本統治時代につくられた。もともとは先住民のセデック族が暮らすエリアだったという。第一章でお話しした霧社事件の霧社はすぐ近くだ。ここから西側に見える山が富士山に似ていることから、富士温泉と呼ばれたこともあったという。戦前につくられた温泉郷には、日本名がつけられたところが少なくない。谷関温泉はかつて明治温泉と呼ばれた。春陽温泉は桜温泉と名づけられた。

しかし温泉街を歩いてみると、店を閉めた土産物屋やカフェが何軒かある。温泉宿のなかにもシャッターをおろしているところもある。そのさびれ具合も日本の古い温泉街に似通っている気がしないでもない。

坂道を散策気分で歩いていると、「警光亭」と名づけられた東屋があった。

警光？

泰安警光山荘（107頁）を思い出した。近くを歩いてみると、やはりあった。日本風の建物が林のなかに建っていた。

訊くとここは宿泊型の温泉だった。宿の人の説明では、台湾の温泉地には、十軒ほどの警光山荘があるという。宿泊できるところや温泉だけのところなどさまざまだが、どこも戦前からの歴史がある施設。つまり日本風の建物のようだった。台湾の温

これだけの温泉街を政府は廃止に。その決断力……新型コロナ対策に似ている？

廃業した宿や食堂、土産店もかなりある。彼らはどこへ行ったのだろう

泉は、少し入り込むと、必ずといっていいほど日本が顔をのぞかせてくる。

暇そうに店先に座っていた食堂のおばさんが、「安いよ」と教えてくれた宿にした。正揚大飯店という宿だった。大浴場のほか、各部屋に内湯がある立派な温泉宿だった。そこが朝食付きで、ひとり六百元だという。約二千百円である。民宿並みである。ここまで値さげしないとやっていけないことに、なんだか申し訳なさも伝わってくるが、心のなかでは、「この温泉はいま、狙い目かもな」などと思ってしまう。

翌朝、かつて桜温泉と呼ばれた春陽温泉にも寄ってみた。廬山温泉から見るとやや下流にある。しかしそこには温泉街はなかった。消えてしまったようだ。ところどころに民宿の看板だけが掲げてある一帯になっていた。丘陵には畑が広がっている。

「一個投資大自然&環境友善的快楽農夫」

そう書かれた看板の文字が気になった。なんとなく意味がわかる。民宿の敷地のなかに入ると、作業着姿の男性が現れた。呉国賓さんだった。彰化で花屋を営んでいたが、店は家人に任せ、ここで有機栽培の野菜をつくる快楽農夫になったという。

いまの台湾だった。中国との紛争、白色テロといった厳しい時代を経て、台湾は安定した社会になった。都市化が進むなかで、環境問題が浮き彫りになってくる。街を

正揚大飯店という温泉宿、民宿並みの安さ。この日４回目の温泉は部屋風呂

廬山温泉での夕食は宿を教えてくれた女性の食堂へ。閑古鳥が鳴いていましたが

離れ、自然が豊かな土地で土をいじりながら暮らす。それはある意味、ステレオタイプの人生にも映るが、戦前、日本統治時代とは違ういまの台湾だった。

台中の温泉をまわりながら、次々に登場する日本に戸惑ってもいた。しかし日本時代の温泉がなくなり、台湾の人々がつくりあげる世界が目に前にある。呉さんが口を開いた。

「温泉を掘って、今年から温泉にも入れるようになったんですよ」

キャンプ場の施設の向かいに屋根だけがある露天風呂があった。湯を入れてもらう。

「湧出する温泉の温度は九十四度。水を足さないと入れない高温です。廬山温泉より質はいいはず」

湯に入れさせてもらった。気持ちのいい温泉だった。台湾の温泉だった。

「一個投資大自然＆環境友善的快楽農夫」の呉国賓さん。ちょっと羨ましい

キャンプ場の向かいの露天風呂。ひと風呂 200 元、少し粘り気がある湯だった

台湾温泉通が教える 台湾百迷湯・中部編

關子嶺温泉

中央に背骨のような山脈が南北を貫いている台湾は、もともと温泉が出やすいが、いかんせん山が深すぎて、到達不能の湧き湯も多い。加えて、中南部の温泉地は、これまで日本の観光客へはそれほど紹介されてこなかった。

が、ここ十年で高速道路の整備が飛躍的に進み、アプローチは楽になった。自家用車をもたない観光客でも、台湾鉄路、台湾高速鉄道、路線バス、タクシーを併せて利用すれば、以前より効率よく目的地に到着できるようになった。

私（広橋）自身の中南部拠点は嘉義である。台湾人の家内の実家があるからだが、嘉義市民にとっての温泉といえば、なんといっても關子嶺（グァンズリン）温泉だ。

關子嶺温泉は日本統治時代から開けていた古い温泉。こちらの特徴は灰色の泥湯。体に塗ることもできて、肌がツルツルになる。

ここには關子嶺大旅社のように、戦前に建てた古い建物をいまも使う、古びた旅館もある。静樂館などは、もともと日本人が経営していたらしく、フロントには古い写真も飾ってある。それを引き継いだ台湾人は、幸いにも最小限の改装にとどめ、昔ながらの和室を使っている。想像力を豊かにして昭和初期を思い、傾きかけた座敷の部屋に泊まってみるのも趣があるかもしれない。柚子頭渓（ヨウズトウシー）沿いの小さな散歩道も往年のにぎわいを思わせ、老朽化に任せているところもノスタルジックだ。

關子嶺温泉の街は、周囲に中規模の温泉ホテルなどが次々と建てられ、やや飽和状態の感があるが、選択肢には困らなくなった。日帰り湯は各宿にあり、個室を二時間単位で提供してくれる。ベッドでも休めて千元前後。

有名な宿は關子嶺警光山荘。客室は警察の関係者しか宿泊できないが、男女にわかれた内湯の大浴場は昼間ひとり八十元で入浴できる。關子嶺温泉の最初の源泉ということもあり、ここの泉質は間違いがなく、近隣の人たちも湯浴みに訪れる。先日も家内の実家に行く前に立ち寄った。休日の昼間だったが、四〜五人の先客がいた。それほど狭いとは感じさせないほどの広さで、泥湯の湯加減もちょうどよかったので、ついつい長めに浸かってしまった。

●關子嶺温泉へのアクセス／台湾鉄路「嘉義」駅前からバス７２１４番に乗車して「關子嶺」下車、徒歩二分。

台湾温泉通が教える 台湾百迷湯・中部編

中崙温泉

地図を見ると、關子嶺温泉の南側に六重渓（リウチョンシー）温泉、北側に中崙（チョンルン）温泉がある。中崙温泉へ寄り道することにした。關子嶺温泉のほうが断然に有名な温泉地なので、こちらは最近まで未知のエリア。近くまで行ってみると、やはりもの寂しい集落だった。中崙澐水渓温泉という看板。あまりやる気のないゆるキャラの張りぼて。温水プールがメインの日帰り施設がポツリとあるだけだ。

もうひとつ「源泉こちら」の矢印があった。中崙温泉民宿が横道に外れた坂の上にあったので行ってみた。家族風呂の個室が十二くらい連なっている。一室二人用とい

う清潔な浴室は、一回使うごとに流すタイプだった。

本棟には客室と食堂がある。その前に丸く囲われた池があったのだが、近づくとポコポコと小さな音を立てているのが聞こえる。よく見ると、中央から気泡が立ちのぼっている。ここからガスが噴出しているのか、と感心していると、突如その気泡が激しく音をたてて盛りあがりはじめた。相当熱そうな湯が、目の前に沸き出している。小さな地獄谷である。周囲に鉄柵が立ててあるのももっともだった。

庭にこんな源泉があるなんてなんと本格的な……。後で訊くと、調査用にボーリングした名残なのだとか。温泉は濃度が高すぎるため、一度タンクに貯めて、成分を一度沈殿させてから、加温して出しているそうな。なんと複雑な。そして家族風呂の蛇口をひねってみると灰色の熱湯、右側の水も温泉だというので口に含むとたしかに塩分が強かった。脇には沈殿した泥が盛られて置いてある。パックに利用して下さい、ということらしいので、たっぷり体になすりつけて遊んでしまった。またひとつ穴場を見つけた気になった。

●中崙温泉へのアクセス/台湾鉄路「嘉義」駅前からバス7301番に乗車して「中崙」下車、徒歩十分。

台湾温泉通が教える 台湾百迷湯・中部編

東埔温泉

台湾中部で改めて訪れてみたかったのが、台湾最高峰・玉山東側の山裾に位置する東埔（ドンプー）温泉だった。周辺はブヌン族が居住する集落で、名前は「トンボ」に聞こえる。日本統治時代もトンボ温泉と呼ばれていたらしい。

はじめてここを訪れたのは、かれこれ二十年近く前になる。フリーペーパーの取材で秘湯巡りをしていたのだが、裸で入ることができる露天風呂がなかなか見つからなかった。現地で訊きまわりひとつだけ、露天浴槽をもっているオーナーがいる、というので訪ねてみた。主人は農業の傍ら、余った土地を食堂兼民宿にし、自分の土地に岩風呂をつくりあげてしまった。

男女別にわかれていなかったので、本来は水着利用の浴槽だったが、誰もいない明け方にひとり、素っ裸で入って小高い丘から重なる山々を眺めていた。絶景だった。

当時、親切に案内してくれた主人とあの露天風呂は健在だろうか。

その前に東埔温泉の源泉へ向かった。二十年後の温泉取材はスムーズだった。グーグルマップと自分の嗅覚で、求める場所まで一発で辿り着いた。

温泉でまず行きたいのは「源泉」。無色無臭の湯質の温泉場では、ただの湧き湯を温泉と騙（かた）る悪質業者も存在するので、ニセモノではないかと疑う習慣がついてしまった。だから源泉を確定できれば、その周囲と下流はニセモノ温泉である確率は激減するだろう、というカンを働かせ、源泉を探すことにしていた。

グーグルマップで源泉位置を確認し、その一点をめがけて山道をのぼった。脇道に入ると、急な坂に加えて、道がどんどん狭くなっていく。が、ここはコンパクトなフォルクスワーゲンルポの本領発揮である。行き止まりになるまでなんとか坂をのぼりきった。

ひなびた宿の看板が見えた。その名も源頭温泉民宿。「付近有温泉没？（近くに温泉がありますか？）」と訊くと奥を指差してくれた。山道を歩いてわずか二～三分。人の声がする。更衣室、トイレ、そしてその奥に洞窟のような天然の露天岩湯が現れた。大きい。人も少なく秘湯感たっぷり。家族と思われる年配の夫婦と息子が三人、水着を着てのんびり昼下がりの入浴を楽しんでいる。日帰りで、下の街から頻繁にのぼってくる常連なのだそうだ。

私もさっそく水着姿になり、四十二度ほどのちょうどいい加減の湯のなかに身を沈めたが、四人で入っている限りは広々と使えるほどの湯量をたたえていた。

洞窟と思ったのは、岩の奥に小さな穴が開いていたからである。そこに「源泉」と思われる熱湯が岩の間から染み出ていた。ちょうど岩の間に人が入れる隙間があったので、潜り込んでみた。やや熱めで、岩の奥からしみ出る熱湯が体感できた。料金は民宿の人に渡すらしいので、入浴後に、八十元を支払った。

源泉を探し出せたことだけでも大満足だったのだが、旧知を訪ねる用事を残していた。以前のように古ぼけた宿があるのだろうか、と、下り坂のカーブの脇に「蝉説(ツァンスオ)雅築(ヤーツー)」と彫られた石の表札を見つけた。ここだとしたら、ずいぶん立派になったものである。

主人は外出しているようだった。たしか当時でも頭の毛のさびしい、長靴姿がいかにも農家風のオッサンだった。待つ間、浴室を見せてもらった。敷地には水着で入る温泉プールが増えていて、以前の荒涼とした面影はなかったが、周囲の景観には記憶がある。家族風呂になっているエリアに行き、そのひとつに入ってみると、そこがまさに、私が二十年前に入れさせてもらった岩風呂だった。いまはちゃんと屋根もドアもある立派な半露天風呂。海抜千メートルはある山中に、この広々した岩風呂は、いまでもそんなにないはずだ。

主人の周國松さんが戻ってきた。風貌は以前とそれほど変わっていない。さすがに二十年前に来訪した私のことを覚えていなかったようだが、以前のように気負いなく、晩酌に誘ってくれ、淡々とコツコツつくりあげてきた宿の物語をしてくれた。アウトドア客が増えるなか、おおむね順調に客足を伸ばしてきたらしい。そして客室の内装などは、温泉宿だけに和風にこだわったそうだ。民宿風でそれほど室数は多くないが、庭の池には鯉が泳いでいる。田舎の宿にしては洒脱(しゃだつ)な趣。それでいて、わざとらしくない自然さをもち合わせていた。

いつも都会に住んでいると、こんな山里に暮らす人の境遇の違いや、自然と葛藤する姿に感じ入ることがある。一夜の酒盛りがしっとりとすぎていった。

●東埔温泉へのアクセス／中部彰化県にある台湾鉄路「二水」駅から集集線で「水里」駅下車。駅前からバス6732番で「東埔」下車。

台湾温泉通が教える台湾百迷湯・中部編

日月潭・埔里の温泉リゾート開発

次の目的地、埔里に行く途中、日月潭を通過した。山中にある沼地のような湖で、台湾中部の主要行楽地としてにぎわっている。日本でいえば北海道の洞爺湖、富士山麓の河口湖、といったイメージだろうか。洞爺湖も河口湖も湖畔には温泉街。であれば日月潭にもあってしかるべきなのだろうが、ここには温泉場はないことになっていた。

ところが湖畔を通過中、馥麗(フーリー)温泉大飯店なるホテルを発見してしまった。とりあえずは確認せねばなるまい、と軽く下見してみた。壁には温泉協会認定のプレートもかけられていて、温泉プールもあるようだ。

「あのー、温泉ホテルの認可もあるようですが、どのくらいの地下から汲みあげているのですか？　そしていつごろからオープンしたのでしょう？」

ここ数年この手の「ポツンと一軒温泉」にずいぶん遭遇することになったので、常套句のように、こう訊いている。回答は予想していた通り、ボーリングで数百メートル掘り下げて汲みあげているとのこと。近辺の競合宿には温泉はないので、宿の格をあげるべく巨額を投じて温泉を掘り、リゾート客を呼び込もうという温泉宿だった。湖畔のロケーションは申し分ないのだが、温泉の効能、ということでいえば、限りなく〝湧き湯〟に近いものだろうから、それほどありがたいものでもない。温泉街独特の風情もなかった。

二十分ほどくだり、埔里の街に到着。台湾のヘソといわれているこの街は、紹興酒工場や製紙場もあるほど水が清らかで、ビーフンの生産地でもある。

この街には家内の親類筋の多くが住んでいるため、地元の情報をあれこれ訊くには都合がよかった。いつ行っても歓迎してくれる叔父さんに案内してもらいたかったのは、新しい開発が進められているエリア。台風災害に遭った廬山温泉を廃止し、埔里市内に温泉リゾートをつくろうというプロジェクトがあることを聞いていたからだ。

「まだまだ完成は先になるみたいだぞ」といって叔父さんが連れていってくれたのはまさに、野球場がいくつも入りそうな荒れ地で、ボーリングをする掘削塔が寂しく見えるだけの場所だった。廬山の大自然に囲まれた環境とはまったくかけ離れた人工的な造成地。「温泉プールを囲んだ総合レジャーランド」的な陳腐なものになりそうな危険で充満していた。

●日月潭・埔里へのアクセス／台中市の台湾高速鉄道「台中」駅からバス6670番で途中の「埔里」または終点「日月潭」下車。台北駅からは北口前の台北バスターミナルからバス1833番で途中の「埔里」または「日月潭」下車。

台湾温泉通が教える 台湾百迷湯・中部編

北港渓温泉

埔里の街を出て北に進路をとる。クネクネした県道を進んで小一時間ほどで北港渓(ベイガンシー)温泉と思われる地点にやってきた。このエリアは幹線から外れているせいか、まったく未知の土地だった。「泰雅渡假村」というテーマパークに温泉の施設があるらしいので、見学させてもらった。ここも日月潭の温泉ホテル同様、「ニセモノ温泉ランド」のムードが漂う雰囲気だった。やってきたマネージャーは上から目線で、「台湾温泉協会の副理事だ」といって名刺を差し出した。

「この近辺ではウチしか温泉の認可はとっておらんので、他の不認可の温泉施設には出入りしないように」

イヤミなムードをまきちらしていた。

温泉は主に温水プールにして使っているような、子供の遊び場になっていた。しっとりと温泉に浸かるムードではない。

脇にある沙八（サーバー）温泉渡假村と看板を出しているキャンプ場のような宿に挨拶をしてみた。イヤミなマネージャーが「認可していない」といっていた禁断の温泉施設だ。

すると、こちらのほうは懇切丁寧に施設内を案内してくれた。脇には渓流が流れる、爽やかなキャンプ地兼宿になっていた。ログハウス一軒一軒の室内に内風呂がしつらえてある。プライベートに温泉が使える感じが好印象だった。キャンプ利用客には屋外の温泉プールが使えるようになっていて、こちらは水着着用になっていた。

スタッフの話によれば、北港渓沿いには上流に数カ所、名前の違う温泉が湧いていて、先住民たちが使っていたようだという。渓流沿いに歩いていけば、一〜二時間の距離にあるのだという。心が躍ったが、そのときは装備も貧弱だった。諦めるしかなかった。誰か同行者がいたほうが安心できる。ここはまたの機会に訪れることとして、さらに北に向かうことにした。

●北港渓温泉へのアクセス／台湾鉄路「台中」駅からバス108番で南投県「草屯」バスターミナル下車。さらにバス6653番に乗車して「北港渓温泉」下車。

台湾温泉通が教える 台湾百迷湯・中部編

谷関温泉

北港渓を出てしばらくは国道二十一号線を北上。国道八号線に合流したら東に進路を変える。この国道八号線は別名が「中部横貫公路」。台中の豊原から花蓮県の太魯閣峡谷までを結ぶ山越え道路なのだが、台風で道路が寸断して以来、公には開通していない。この途上に谷関温泉がたたずんでいる。

日本統治時代は「明治温泉」と名づけられていた。歴史のある温泉なのだが、十数年前に横断道路が寸断されてからは、ややたそがれた感もあった。が、その眠りかけた温泉を一気に目覚めさせる事件が起きた。

谷関温泉の高台。廃業に追い込まれた温泉ホテルを、日本の星野リゾートグループがリノベーションするというのだ。敷地の使用権を得た台湾中部の建設会社が、名指しで星野リゾートへ再建を委託した形でプロジェクトは動き、二〇一九年夏に「HOSHINOYA Guguan（虹夕諾雅谷関）」がオープン。星野リゾートとしては、バリ島に続く二番目の海外拠点だった。

オープン直前に現地を訪ねてみた。高い丘のピークにあった。温泉エリア全体を見おろすような位置。独特のプライベート感がある。館内でまる一日すごせるアクティビティも用意し、日本の星野リゾートファンばかりでなく、台湾の富裕層もとり込もうという戦略のようだっだ。

谷関温泉は、渓流沿いの山肌に二十軒ほどの宿がひしめいている。渓流の中央には吊橋が架かる。山深く入った不便な場所をイメージしていたが、思いのほかいい風情だ。周辺の宿は一泊朝食付で二〜三千元（日本円で約七千円〜一万五百円前後）。日帰り湯利用は四百元前後で個室が使える、といった様子だった。

谷関周囲の温泉宿を数軒まわってみた。明治温泉大飯店は外見が和風でよさげなのだが、やや古臭い感。そして露天は水着着用で日本人にとってはイマイチか。ほとんどの宿が温泉は部屋で入り、子供たちが外の温水プールで湯遊び、というスタイルだった。

吊り橋をぶらりと渡って眺めのよさそうな宿はどこか見まわすと、バルコニーがあって、泊まってもいいかなと思わせたのが谷関温泉飯店だった。ロビーへ入ると老舗らしく、なるほど場所がよい。見学を申し込むと快く案内してくれた。温泉プール利用料金だけなら百五十元。ドクターフィッシュがいる池で足を浸すことができるが、ここは魚がいるため冷たい水だった。

ここも大浴場は男女一緒で水着着用だったが、渓流沿いで広々としているので、のびのびと山の景観を眺めながらすごせる。客室もそれほど広くはないが、予想通りバルコニーからのビューは抜群だった。リバービューとマウンテンビューの二種あるので、予約の際にリバービューをリクエストしておけば間違いないだろう。

●谷関温泉行へのアクセス／台湾高速鉄道「台中」駅でバス153番に乗車して「谷

関」下車。または台中市の台湾鉄路「豊原」駅からバス207番に乗車して「谷関」下車。

台湾温泉通が教える 台湾百迷湯・中部編

「ポツンと一軒温泉」に悩む

台中市内には天然温泉はないと思っていたが、地元の知人から、市内の西側にある清新温泉飯店の家族風呂へ行く、という話を聞き、向かってみた。途中に彩虹眷村（ツァイホンチエン）という、カラフルなのか、サイケデリックなのか理解に苦しむペイント家屋が集まる観光地もある。せっかくなのでインスタ材料に極彩色の旧家屋の写真を撮りつつ、温泉へ向かう。ちょっとした小高い丘を五分ほどのぼる。別荘地のようなエリアの中に台中清新温泉飯店があった。立派な四ツ星くらいありそうなリゾート。

日本語ができるスタッフにいつもの質問――。

「どのくらい掘って、いつごろ認可をとれたのでしょう？」

「三百メートルほど掘ったでしょうか。たしかに天然の温泉です。認可は二〇一七年にとっています」

典型的な「アミューズメントの一環として掘った温泉」だった。

こういうタイプの施設を温泉地として数えるべきなのか。娯楽が多様化した台湾の温泉文化のなかでは無益な議論なのかもしれない。やや虚しい気分にもなる。が、私のミッションは、よきも悪しきも、台湾中のすべての温泉を把握すること。軽い矛盾に頭をかしげながら、ホテルの自動ドアを出たのだった。

しかし私の耳には、こんな話も入ってくる。東埔温泉街のさらに奥へ入ると楽楽谷（ラーラーグー）野渓温泉、盧山温泉のさらに奥には精英野渓温泉、谷関温泉からさらに東の山深く入ると馬陵（マーリン）野渓温泉という場所があるということだった。上級向けの湧き湯で、装備次第では辿り着けるという話だった。アミューズメント型温泉同様、野渓温泉のほうも踏破に終わりはなさそうだ。

第三章

台湾南部

流失温泉跡で温泉を探す

彰化
水里
集集線
中
央
山
脈
雲林
縦貫線
台湾高速鉄道
高速公路
阿里山森林鉄路
嘉義
嘉義
玉山
瑞穂
新営
高速公路
台東線
復興温泉
少年渓温泉
玉穂温泉
寶來温泉
不老温泉
台南
多納温泉
旧大崗山温泉
萬山温泉
縦貫線
哈尤渓野渓温泉
台東
緑島
知本温泉郷
左營
金峰温泉
高雄
屏東線
太麻里
朝日温泉
金崙丹堤温泉会館
金崙温泉郷
土坂温泉
坊寮
南迴線
太　平　洋
旭海温泉
四重渓温泉
蘭嶼島
台湾温泉MAP
台湾南部
N
25km
バ　シ　ー　海　峡

台湾北部、台中と台湾の温泉を浸かり歩いた。しかし台湾には、まだまだ温泉がある。秘湯といわれる温泉も、深い山のなかに、先住民族に守られるように優しい顔をのぞかせていた。

広橋さんのように、台湾の全温泉を制覇するなどという無謀なことは考えなかったが、台湾の南部、そして東部の温泉を渡り歩かないと、台湾の秘湯に入ったことにはならないような気がした。

待ち合わせは、台湾南部の高雄国際空港だった。空港前の車寄せ付近で待っていると、赤いフォルクスワーゲンのルポが見えた。広橋さんは台北からハンドルを握ってきたのだ。

台湾の秘湯へのアクセスはよくない。路線バスを使い、その先は歩くという覚悟なら辿り着くことができるが、時間はかかる。やはり車が便利なのだが、道も細くなり、大型車は向いていない。しかしパワーがなければ急な坂道を詰めることもできない。広橋さんの車は、まさに台湾の秘湯用だった。

しかし彼の車を目にしたとたん、つらい記憶も蘇ってくる。谷底にある野渓温泉の汗を絞る登山道、先住民が暮らす山道の長いアプローチ、グーグルマップの不確かな情報……そういったものが染みついた車なのだ。

待ち合わせたとき、あたりは暗くなっていた。その日、泊まった枋寮(フォンリャオ)に着いたのは夜の十時近かった。遅いチェックインだからと、駅前民宿の女性主人は宿代を割り引いてくれた。五百元、約千八百五十円になった。

枋寮はこれまでも二回泊まっていた。列車旅の途中だった。列車で台湾を一周しようとしたとき、そのダイヤを調べておかなくてはいけないのが南廻線だった。この枋寮から東部の台東を結ぶ路線である。途中で台湾最南端の駅を通る。台湾を走る列車のなかで、その本数の密度が低い路線のひとつだった。自強号や莒光号といった日本の特急や急行にあたる列車はそこそこあるのだが、各駅停車となると、一日に一、二本という少なさだった。

速い列車より、のんびり走る列車のほうが肌に合うタイプだから、枋寮を朝に発つ各駅停車に乗ることが多かった。その列車は台湾の人たちにも人気だった。レトロな日本製車両が使われていたからだ。駅には、日本統治時代の絵地図も掲げられている。周辺の山が描かれ、先住民の村の名はカタカナで書かれていた。

朝の列車に乗ろうとすると、枋寮に一泊することになる。枋寮は大きな街ではな

上：高雄から枋寮に向かい国道1号線を進む。道沿いに宿も多い。とくに南部は

左：夕食は駅近くのベトナム料理店へ。イカ炒め、海鮮焼きそば……。どこがベトナム？　港町だからなんでも海鮮になるのはわかるが

い。駅前からのびる道を十分も歩けば海に出る。その脇には漁港もあった。それでもこのあたりの中心地で、駅周辺や海に向かう道沿いに何軒かの民宿があった。今回は車だから、どこに泊まってもよかったのだが、宿となると枋寮ということになった。

駅前のベトナム料理屋で遅い夕食をとった。といってもメニューを見ると、台湾料理のほうが多かった。台湾も地方都市になると嫁不足なのか、東南アジアから嫁いだ女性をときどき見かける。料理をつくっているのは中年のベトナム人女性だった。なかなかうまい中国語を話していたから、長く枋寮に暮らしているのかもしれなかった。

僕にとって枋寮は先住民世界への入口でもあった。街を歩いていても、先住民をよく見かける。これまで二回泊まっているが、民宿で働いているのは先住民だった。漁港に立ち、海とは反対側に目を向けると、眩しいほどの緑に覆われた山々が聳(そび)えている。そこが彼らのエリアでもあった。

秘湯と先住民。それは台湾の温泉ではセットになっていた。山奥の温泉で先住民に出会うのは予定調和でもあった。

またあの世界に入っていく……。翌朝、広橋さんの車に乗り、中央山脈を貫くようにいくつものトンネルを抜けながら、そんなことを考えていた。しかしその先で教え

枋寮の漁港へ。埠頭で、具が揚げパンという台湾おにぎり朝食。意外にいける

枋寮から東に向かう。右手に広々とした太平洋。日射しは強い

られたのは、台湾の自然だった。それはいまも爪痕を残す脅威でもあった。

最初にめざしたのは、土坂温泉だった。地図にははっきりとそう書かれていた。しかし温泉があるのかわからなかった。

「ネットを見ると、いろんな温泉に入ったといったブログやインスタなどが数えきれないほど出てくるんですが、土坂温泉の報告はなにもないんです」

広橋さんの言葉を聞きながら、幹線から瀧（ロン）渓という川に沿った道をのぼっていく。川をのぼり詰めたところに温泉がある、というのは秘湯旅の基本である。

土坂村に入った。道を歩いていた人に訊きまわる。しかし皆、表情が晴れなかった。はっきりしないようなのだ。

「数年前まで瀧渓の河原に、野渓温泉があったような……」

「増水で河原にあった温泉が流れてしまったんだと思うな。いまは治水工事をやっているんだけど、ショベルカーで掘ると、ときどき温泉が出るって話を聞いたことがある」

そんな話をしていると、小太りの先住民の青年が、以前、温泉があったあたりを案内してくれるという。彼のバイクの後をついて河原におりていく。車止めがあり、そ

上：土坂村の先住民の青年がバイクで先導して、温泉があった場所に案内してくれた。先住民は人がいいと思ったが……

左：河原は広いが、瀧渓の川幅は狭い。ここに温泉があった？　指を入れてみる

の先は歩くしかない。

「その先ですよ」

青年はそういうと、バイクのエンジンをかけて村に戻っていってしまった。なんだかそっけない。河原の一部が畑になっていた。近くに作業小屋があり、そこから三匹の犬が勢いよく飛び出してきた。野犬？　吠え続ける犬を遠巻きにするようにして河原に出た。

茫漠とした広い河原だった。下流にショベルカーが放置してある。

「たぶんこのあたりは、少し掘ればどこでも温泉が出るんじゃないかな」

広橋さんの言葉を聞いて、ひとつの流れに近づき、手を入れてみたが温泉の熱は伝わってこなかった。

掘ってみようか……とも考えた。が、すぐに諦めた。河原におりてから、強い日射しに晒されていた。七月である。暑い時期だ。天気予報では、台湾南部の最高気温は三十四度と報じていた。河原は遮るものがない。体感する気温は四十度に達しているかもしれない。このなかで温泉掘り？　気力が湧いてこなかった。河原を掘り、仮に温泉が出てきても、この炎天下で浸からなくてはならない。

この一帯はしばしば水害に見舞われていた。八八水害がよく知られている。これは二〇〇九年の八月に起きた水害で、七百人近い犠牲者が出た。しかしそれ以外にも河川の氾濫はしばしば起きていた。

台湾の河川や周囲の地形を眺めると、日本のそれによく似ていた。山と海岸線の距離が短い。そこを流れる川は短く、上流にいくと急流になる。河口はやたら広い河原ができあがっているが、流れる水は多くない。ところがいったん豪雨に見舞われると一気に水量が増える。日本でいう「あばれ川」である。台湾の川沿い温泉は、豪雨のたびに危険に晒され、河原を掘っただけの野渓温泉は流されてしまうのだ。

このエリアは、川筋ごとに温泉があった。瀧渓に沿った道をくだり、いったん幹線に出て、隣の金崙（ジンルン）渓を遡ってみることにした。

その先にあるのが金崙温泉郷だった。土坂温泉とは違い、ここには何軒かの温泉宿があった。温泉郷といっても、土産物屋や食堂が軒を並べる温泉街があるわけではなかった。金崙渓に沿って宿が点在しているレベルだった。以前、この温泉郷に泊まったことがあった。台湾一周の旅の途中だった気がする。

泊まったのは「一田屋旅館」という宿だった。金崙温泉郷のなかをぷらぷら歩いて探した宿だった。比較的新しい宿で、スタッフも若く、英語で対応してくれた。ゲストハウスのよさを温泉旅館にとり込んだような宿だった。狙いは台湾の若者だろうか。

大浴場はプール感覚で、裸になって入りたいタイプには物足りないかもしれないが、僕はけっこう気に入った。気軽なのだ。飲み物はフロント近くの冷蔵庫から勝手にとり、脇に置いてある缶に代金を入れるだけでよかった。

広橋さんもこの温泉郷は何回か泊まっていた。となれば、秘湯、野渓温泉である。広橋さんが知り合いだという宿に訊いてみた。

「この先にいくつか野渓温泉があったみたいです。でも、八八水害で埋まってしまったようです」

以前に泊まったときの記憶が蘇ってきた。温泉旅館の前のバス停で台東行きのバスを待っていた。少し時間があった。同行したカメラマンが、河原に出かけて戻ってきた。

「このおじさん、どう思います。河原にこんなものを置いているんですよ」

見せてもらった写真にはバスタブが写っていた。どう運び込んだのかはわからない

金崙渓に沿った道を走る。温泉郷というだけあって次々に温泉が現れる

魯拉克斯吊橋に出た。この先にもう集落はない。河原におりて野渓温泉を探す

が、おじさんは河原で入浴しようとしていたのだろうか。

「ということは、そのへんの河原を掘れば温泉が湧き出るってこと。それをバスタブに溜めて入ろうとしてるのかも」

河原で温泉を探してみることにした。道をさらにのぼってみた。水害で流された橋は、立派な橋につけ替えられていた。魯拉克斯（ルラカス）吊橋と書かれていた。周囲を見ると、少し下流の崖に下に、野渓温泉を掘ったような跡があった。河原におり、手を入れてみた。冷たかった。温泉ではなかった。

近くの集落で訊いてみた。

「橋の脇？　あれは湧き水だよ」

あっさりと否定されてしまった。

「この一帯に野渓温泉はないんだろうか」

地元の人に、かつて野渓温泉があったところを訊き、そこを掘ったほうがいいのかもしれない。しかし八八水害で河原に溜まった土砂は、深いところで四、五メートルあるという。そこを掘るのは重機の世界ではないか。

次の川ってことかな。金崙渓の隣には太麻里渓が流れていた。

そこにはかつて金峰温泉という温泉があったらしい。以前、ここを訪ねた広橋さんによると、途中の道が土砂崩れで車が通ることができず、歩いて進むと、プールのような浴槽跡はあったという。湯は入っていなかったというが。

とりあえず進んでみた。太麻里渓を詰めていく。しだいに川の流れが細くなり、山が迫ってくる。三十分以上走っただろうか。

すると前方にゲートのようなものが見えてきた。近づくと、そこにバーがさがっていた。ここまでか……。後は歩くしかなさそうだった。車を脇に停めようとしたとき、前方のバーのあたりから小さな音がした。

「なにッ？」

バーが静かにあがったのだった。どこかにセンサーがあったのだろう。しかし進んでいいのだろうか。夜間だけ閉鎖するというシステムになっていればいいのだが、本来は許可された車だけが通ることができ、なにかの誤作動でバーが反応してしまったということもある。

こういうとき、バーの前で悩む慎重派もいる。しかし僕はもちろん、広橋さん、そして中田カメラマンにもなんの迷いもなかった。会話を交わすわけでもなく、皆、車に乗り込んでいた。こういうメンバーだから、超秘湯にも辿り着けるのかもしれないが。

ゲートの先に続いていたのは、細い山道だった。左右の背の高い草が道をさらに狭くしていた。しかしなんとか進むことはできる。そろそろと前に進む。五分ほど進んだだろうか。前方右手に、崩落した崖が見えてきた。しかしよく見ると、崖の下に轍がある。先に進めるのかもしれなかった。

ゆっくり五十メートルほど進んだ。そこで道がなくなった。ここまでか……。車を置き、歩きはじめる。川の流れが蛇行している地点に広がる草むらを上流めざして進むことになる。

短い斜面を登った。すると前方に、湯煙が勢いよくあがっているのが見えた。イオウのにおいも漂ってくる。

湯煙があがっているところに近づいてみた。その一画は柵で囲われていた。なかをのぞくと、ぶくぶくと温泉が湧き出ていた。

柵に看板がとりつけられていた。高温のため、近づくと危険とも書かれている。ここが金峰温泉の源泉だった。しかし周りには温泉施設がない。源泉から湧き出た温泉

金峰温泉をめざして進む。と、前方にバーが。ここまでか。すると……先は本文を

金峰温泉の源泉。湧き出た湯が、河原を流れている。が、熱くて近づけない

の湯は垂れ流し状態で、小川のようになって草原の間を流れていくだけだ。

その小川に沿って歩き、源泉から三十メートルほど離れたところで、流れに指を入れてみた。

「熱ッ」

まだ高温である。

その流れを辿りながら草原を歩いた。太麻里渓の河原に出た。しかしその一帯は細かい砂が堆積していて、そこを削るように温泉の流れは川に向かっている。

川岸は高さが一、二メートルほどの砂の崖になっていた。そこに足場をつくりながらおり、川が流れる水際に出た。

「あった」

温泉が溜められていた。上のほうから細い水路がつくられ、川の水を流し入れ、温度をさげている。

いったい誰がつくったのかはわからなかったが、金峰温泉の野渓温泉だった。しかし湯壺は小さく、手づくり野渓温泉という趣である。少し増水すれば、跡形もなくなってしまうだろう。しかし、金峰温泉はここしかなかった。

太麻里渓の河原にくぼみが。これでも僕らにとっては立派な温泉だ

指を入れてみる。高温ではないが、かなり熱い。体を沈めるのはきつい。僕は足湯にした。横を見ると、広橋さんがシャツやズボンを脱いでいる。

「これに浸かるの？　熱いですよ。ちょっと無理じゃ……」

「せっかくここまで来たし、いつこの温泉がなくなるかわかりませんから」

たしかにそうなのだ。なぜかゲートが開いたことといい、誰かが湯を溜めたこのくぼみといい、翌週にはなくなってしまう野渓温泉かもしれない。そうなると、やはり彼は浸かるのである。

「うッ」

熱さを我慢する広橋さんの声が河原に響いていた。

台湾南部の秘湯は、水害の被害をダイレクトに受けていた。八八水害は、河原の多くの温泉を流失させてしまった。それから十年以上がたっているのだが、なかなか野渓温泉という秘湯は顔をのぞかせない。

その日は知本温泉郷に泊まった。台東周辺では知られた温泉である。日本人も知っている人が多いかもしれない。

温泉街に入ったのは夕方だった。大きな温泉宿が渓谷に沿って建ち並んでいる。値

知本温泉郷には温泉街があった。河原ばかり歩いてきた身には妙に新鮮でした

知本温泉郷の「Y-Y 旺温泉渡假村」。こんな優雅な入浴は最初で最後だった

引きしてくれた温泉宿に入った。ひとり千三百元、約四千八百十円。民宿を泊まり歩いてきた僕らには高く映った。

知本温泉郷のほかの宿については、この章後半で、広橋さんが説明している。

翌日、朝日温泉をめざした。この温泉は緑島という島にある。台東から船に乗らなくてはならない。

前夜、ネットを通して船の席を予約しようと思った。しかし午前中の便はどれも満席。週末のためだった。

しかし朝、電話をすると、とにかく来い、という。急いで行くと、九時三十分発の船に乗ることができた。しかし船内はかなり混みあっている。週末はいつもこうらしい。

子供たちは夏休みに入っていた。家族連れが多い。ちょっと疲れた顔のお父さんも目につく。そんな時期と重なったのだろうが、緑島がここまで人気のエリアになることはやはり複雑だった。

それは台湾という島にとっていいことなのだろうと思う。あの時代は、台湾の人々のなかで急速に薄れてきているのだろう。

緑島への船が出航する富岡港。混みあう切符売り場。テンション高めです

緑島に向かう「凱旋２號」の船内はすべて椅子席。乗り込むと満席。通路に立った

緑島はかつて監獄島と呼ばれていた。白色テロの時代の話だ。きっかけは二・二八事件だった。大陸から渡ってきた蒋介石率いる国民党に対し、台湾の人々の反乱が起きる。それに対して、国民党は、台湾に戒厳令を敷き、反発する人々を徹底的に弾圧していく。理由は理不尽なものがほとんどだった。英語の本をもっていたというだけで検挙された人も少なくない。罪名の多くは、中国共産党のスパイである。戒厳令は、二・二八事件が起きた二年後の一九四九年から一九八七年まで続いた。この時期が白色テロの時代と呼ばれている。

僕がはじめて台湾を訪ねたのは一九七五年だった。白色テロの時代だった。まだ大学生だった。台湾にもち込むことができる雑誌や書籍は厳しくチェックされた。左翼系のものは没収された。朝日新聞社が発行していた朝日ジャーナルをもっていると、その場で捕まるともいわれていた。

いったいどのくらいの人が検挙されたのか。人によってさまざまな見解がある。ウィキペディアには、十四万人ほどが投獄され、三千人から四千人が処刑されたと記されている。しかし台湾人のなかには、その数字は桁が違うという人もいる。

検挙された人々が送られたのが緑島である。島には法務部矯正署緑島監獄という刑務所があった。多いときで二千人を超える人々が収監されていた。そのなかには、いまの民進党の幹部になっていった人も少なくない。

戒厳令の時代を、ほんの少しでも体感した身にすれば、緑島は重い島だった。島にはいま、監獄跡が残されているが、それは台湾の負の遺産だった。はじめて緑島を訪れたとき、僕はまっすぐに監獄跡に向かった。それ以外の目的はなかった。しかしそのとき、すでに気づいていた。

夜のことだった。夕食をとろうと宿を出ると、その通り沿いに、カフェやバーがひしめいていたのだ。明るいうちに宿に戻ったので気づかなかったのかもしれない。そこには、台湾の若者が集まっていた。明るい色彩のアロハ風シャツ姿の青年やリゾートワンピースを着た女の子たち。道には店から流れ出るレゲエのうねるようなメロディが漂っていた。

台湾の若者にとって緑島は、リゾートアイランドになりつつあったのだ。昼間、彼らも監獄跡を訪ね、台湾がつらかった時代を認識するのかもしれないが、それは歴史の教科書を読むようなものなのかもしれない。目的はリゾートなのだ。

いまの若者は……などというと嫌われることはわかっているが、それぞれには生きた時代というものがある。その折り合いがつかず、混みあう船のなかでぽつねんとするしかなかった。

一時間ほどの船旅で緑島に上陸した。まず向かったのは、バイクのレンタルショップだった。この島はバイクリゾートでもあった。個人客はもちろん、ツアー客もほとんどがバイクをレンタルする。ツアー客は、旗をつけた添乗員バイクの後ろに列をつくってホテルや民宿に向かう。

台湾はバイク王国である。朝の台北。夥しい数の通勤バイクが信号待ちをする。その光景は壮観でもある。台湾の会社の多くは交通費が出ないため、節約のためにバイク通勤……というのだが。

それに目をつけたのが、緑島の観光業者だった。バスを用意すると、人数調整も必要になり、効率が悪い。そこでバイク。なかには運転免許のない人もいるが、島の警察はおおらか。心配ならふたり乗りという手もある。その結果、港は巨大なバイク駐輪場と化すことになる。

ところがその日はバイクも不足気味。五軒目でようやく二台を調達。運転免許もなく、バイクを運転したこともない僕は、中田カメラマンのバイクの後部座席に乗って

フェリーは緑島の南寮港に到着した。そのとたんアジアの喧騒に巻き込まれる

朝日温泉をめざして島一周道路を南に向かう。島は火山島。風景は荒々しい

朝日温泉に向かった。

温泉は島の南海岸にある。海岸に沿ってつくられた道を進んだ。途中の磯には、水着姿の若者や家族連れが集まっている。ダイビング教室のようだった。昼は海に潜り、夜はレゲエバー。なんだか絵に描いたようなリゾートがつくられている。

二十分ほどで温泉に着いた。

朝日温泉には宿泊施設がない。屋外の健康ランドのような施設だ。入口に料金表が掲げてあった。入浴料は二百元、約七百四十円。六十五歳以上は百元。僕は六十五歳になったばかりだった。そういうと、パスポートも見ずに百元になった。

施設には中央に屋根のついた露天風呂、その横が大きな真水のプールになっていた。建物内にはアスレチックもある。コンセプトは健康である。露天風呂といっても、裸で入るわけではないから、まあ、日本の感覚でいったら温泉プール施設といったところだろうか。

まず露天風呂に入ってみた。いい湯加減だ。正面には強い太陽に照り輝く太平洋である。

なめてみるとしょっぱかった。おそらく目の前の磯に源泉があり、そこから温泉を

営業は朝５時から。波打ち際の露天風呂に浸かって太平洋の日の出という趣向

屋根つきだが、海岸露天風呂。湯加減もいい。僕はここで満足だったが……

引いているのだろう。海水が混じってしょっぱくなるようだった。隣で浸かっていた広橋さんが口を開く。

「これで満足してちゃだめですよ。朝日温泉は、磯のなかの温泉に入らなくちゃ」

「あそこの？」

距離にしたら百メートルぐらいだろうか。海岸に通路がつくられている。磯のまんなかに浴槽があるようで、人の姿が見える。

その日も暑かった。気温がぐんぐんあがっていくのがわかる。台湾がいちばん暑くなる時期なのだから、この時期にやってきたことを悔やむしかない。

しかし海べりの浴槽があるところは磯だから遮るものがなにもない。前日、金崙温泉郷や金峰温泉などで野渓温泉を探し歩いたのは河原だった。体感温度は四十度を超えている気がしたが、眺める磯はさらに暑そうだった。

しかし広橋さんの言葉が気になる。磯の温泉に行ってみることにした。そこに続く通路を歩きはじめたのだが、めちゃくちゃ暑かった。海岸なのだ。照り返しが半端ではなかった。汗が背中や腹を伝う。やっと浴槽に辿り着いた。

浴槽の周りに人はいるのだが、湯に浸かっている人はひとりもいなかった。皆、浴槽の周りに立っているだけなのだ。

そのときは干潮だった。浴槽には海水が入る口が開いている。潮が満ちてくると、そこから海水が流れ込む仕組みらしい。

せっかくここまで来て湯に入らないというのも……。視線を気にせず、入ってみることにした。温泉は四十度ほどだろうか。しかし屋根がないから、日射しが直接当たる。お湯に浸かっていない顔や肩の温度も四十度を超えているような気がする。

不思議な感覚だった。湯に浸かっている部分と、外に出ている部分の温度が同じなのだ。湯の感覚があるが、それは液体の感触だけで、温度差はほとんどないから、なんとなく一体化してしまうのだ。

浴槽の周りに立つ台湾人に、僕の後から入った広橋さんが声をかけた。

「入らないの？」

すると一様に、

「暑い」

という言葉が返ってきた。

そうだよな。四十度の炎天下で四十度の温泉に浸かるのは、日本人しかいないよな。

もうへとへとだった。

朝日温泉の日陰で水をがぶがぶと飲み、しばらく休んだ。そして再びバイクに乗り、温泉とは中央の山を挟んで反対側にある監獄跡に向かった。今回は温泉が目的だったが、やはり僕は監獄跡をはずせなかった。

正式には緑島人権文化園區という名称の施設である。内部は監獄跡、つまり刑務所跡と新生訓導處という矯正施設跡などにわかれている。

施設内をまわり、以前、来たときと少し違っていることに気づいた。新生訓導處のなかに、刑務所内の暮らしを再現したジオラマがあった。そういえば、今回はそれを見ていない。訊くと職員はこう説明してくれた。

「少しリアルすぎて気分が悪くなるっていう声が寄せられまして。いまは一応、閉鎖しています。団体で事前に予約していただければ開けることにしています」

たしかに粗末なパンツ一丁で寝ている姿やうずくまっている男たちがリアルにつくられていた。トイレは復元したかのようだった。それを見た人が気分を悪くしてしまう……。台湾は大きく変わった。

左：波打ち際の露天風呂……というとそそられるかもしれませんが、夏は入ってはいけません。苦行です

下：ここは矯正施設跡。入所者の多くは、社会主義には詳しくなかったという。いったいなにを矯正する？　歴史はときに陳腐な顔をのぞかせる

台湾温泉通が教える 台湾百迷湯・南部編

旧大崗山温泉

高雄。私（広橋）にとってはぬるま湯に浸かっているような、ま〜ったりとした空気に包まれる土地だ。地図を見ると、台南の山間部から台東県に抜ける国道二十号線、通称、南部横貫公路の途上に点々と温泉地がちらばっている。ここメインに攻めようと高速道路を進んだ。

高雄市に入り、田寮というインターで高速道路をおりる。十数年前に出版された地図にはここに温泉マークが残っていて気になっていた。改めてグーグルマップをチェックすると、インター近くに花季度假飯店（ファジードゥジャ）があり、大浴場があるようだったので訪ねてみた。高速出口付近には「温泉でリラックスができます」的な看板広告を出している。リゾートホテルのようだった。

花季度假飯店は広い庭園のなかに人工の滝もある、結婚式場にもなりそうな立派な施設だった。スタッフの方に園内を案内してもらうと、たしかに日本統治時代には保養地として利用されていたらしく「古い源泉はそこですよ」と場所を教えてくれた。当時は大崗山（ダーガンシャン）温泉と呼ばれていた。後に泉質を調査した際に含有ミネラルが温泉認定する量に満たず、温泉と認定されなかったため、施設名に「温泉」の文字を入れていないことも話してくれた。

ニセモノ温泉がまかり通るなか、このホテルの誠実な姿勢は理解した上で、自噴の湯を使った大浴場に入らせてもらった。ゴルフ場の大浴場風で、二十人は入れそうな小洒落た内湯。スパにも力を入れていた。庭園散歩も気分がいい。大崗山温泉という名は残っていなかったが、認定してあげてもよかったのになぁ、と思わせるいで湯ではあった。

●旧大崗山温泉へのアクセス／高雄市にある台湾鉄路「岡山」駅前からバス８０４９番で「崗山頭温泉」下車。徒歩五分。

台湾温泉通が教える台湾百迷湯・南部編

萬山温泉

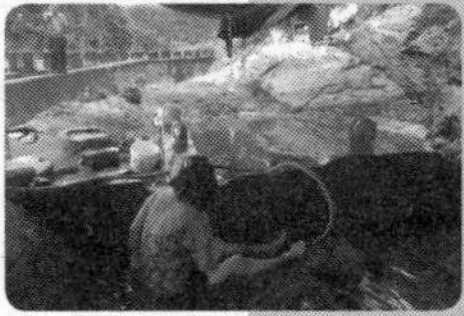

旧大岡温泉から東の山中へ入っていく。「月世界」の名をもつ荒涼とした砂山が続く道を超えていく。途上、バナナの生産拠点の旗山、客家の村である美濃を通過。旗山では私の好物でもある旧製糖工場の酵母アイスクリームをひとついただき、美濃では客家料理店できしめん風の米麵・板條の昼食。しっかりご当地グルメも粛々とこなし、だらだら坂をさらに走らせる。

高雄から向かう山中には主に三方面に先住民の集落が広がっていて、それぞれに温泉をもっている。ひとつは南部横断公路沿いの六亀区から桃源区にかけて。その南側に茂林区、さらに屏東県に入って霧台郷。

そのうち霧台郷はルカイ族の住む風光明媚な秘境で、冒険心をそそられる地ではあるが、なにしろ遠い。大武集落の奥にある大武温泉から、さらに一～二泊かければ、自然がつくったレインボーの壁面が見られる哈尤溪(ハーヨウシー)野渓温泉がある。秘境温泉ファンには聖地的な場所となっている。アプローチには準備と仲間が必要だ。思いつきで行ける場所ではなかった。

　ということでまず向かったのが茂林区だった。茂林の最果ての多納集落。たしか二十年前に、多納温泉をこの目で見たのだが、二〇〇九年の台風で流され、跡形もないのだと聞いた。半ば諦めていた温泉だった。ところが、ネット情報で多納集落手前の萬山(ワンシャン)集落で温泉に浸かったという台湾人の写真を見かけた。希望が出てきた。が、地図を見ても温泉のマークは出てこない。とにかく村の人に尋ねてみるしかなかった。濁口渓(ズオコウ)が蛇行する間にあるいくつかの橋を渡り、無人の茂林風景区のゲートをすぎてふたつめの村が萬山だった。

　村は閑散としていたが、道沿いのオープンカフェ「林老師」の主人がいた。さっそく訊いてみる。

「温泉は川辺におりた場所だよ。湯の温度は低いかもねぇ。村の人はあまり入りに行かないかなぁ。いいことを教えてあげるよ。下に村があったろう？　そこの情人谷に温泉ホテルをつくっていてもうすぐオープンするらしいよ。次はそこに行ったらいい」

上流の多納、ここ萬山、そして下流の情人谷……。茂林を蛇行する濁口渓沿いではどこを掘っても温泉脈に当たるのかもしれない。

林老師の主人が話す谷底におりてみた。集落を抜け、さらに濁口渓の川辺へ。数台の車が駐車していた。あるな……と直観。河岸を歩いていくと、蝶の観察ツアーらしきグループが、温泉の周辺を興味深く見入っていた。

色褪せた雨除けシートの下にふたつの浴槽があった。ひとつの浴槽は水が溜まっていて冷め切っていた。もうひとつの浴槽に、年配の女性がひとり浸かっていた。ホースからチョロチョロ出ている湯を体にあててなんとか温まっているようだ。

シャツを脱ぎ、海パン姿でぬるい湯に入った。「お湯が少ないのはどうしてなんでしょうねぇ」と女性に語りかけた。

「湯が汚れていたからアタシが一度全部入れ換えたんだよ。二十四時間、出し続ければそっち側にも流れだして、ふたつとも入れるけどね。なんせ温度が低いから、外の湯沸かし器で熱くするんだよ。アンタもガスボンベ持参すれば沸かせるよ」

饒舌である。女性は常連のようだった。

見ると、たしかに湯沸かし器が外に据えつけられている。ボンベは自前で用意するらしい。手づくり感満載の湯屋だ。

「ここはね。護岸工事をする作業員が、お湯が出ているのを知って、湯屋を自前でこしらえたんだよ。そんときにゃ、熱い湯が出てたみたいだが、いつの間にかぬるくなったみたい」

なるほど。作業員が勝手につくって放置したものを、温泉好きが個人的に使っているだけだったのだ。

なんだか湯量も少なかったので温泉に入った気分にもなれず、中途半端な入浴だった。車を駐車した広場に戻ると、つくりかけの浴槽の残骸が三槽、屋外に晒されていた。一時は村の予算を使い、本気で有料の湯屋をつくる予定があったらしい。

放ったらかしの萬山温泉は、存在だけは確認できた。

林老師で耳にした情人谷温泉の情報を確認するため、茂林集落までおりて訊いてみた。しかし、「つくってる途中だ」とのことだった。入浴はまだできないという。新たな温泉地の仲間入りをする情人谷の大浴場……。将来に期待するしかなかった。

●萬山温泉へのアクセス／高雄市の台湾高速鉄道「左營」駅でバスE01Aバスに乗車して「旗山」ターミナル下車。さらにバスH31番で「萬山里」下車。

台湾温泉通が教える 台湾百迷湯・南部編

不老温泉・寶來温泉

茂林区を北上して六亀区に入った。ここは荖濃渓（ラオノン）に沿って、いで湯の続く温泉ロードになっている。まず出現するのが不老温泉。

ここには数軒の温泉施設があった。しかし露天の湯屋はほとんど温泉プールで水着着用。暑い時期が長い南部は、水遊び的なプールが好まれるようで、こればかりはローカルの需要によるものなのでしかたがない。

日本人が泊まるとしたら、一番古い老舗である不老温泉渡假村に決まりだろう。直近では家内と一泊するのにこの宿を選んだが、部屋に檜の桶が用意されたロッジで、客室内も温泉。休日の土曜利用で三千元だった。ここ一帯の温泉がそうであるように無色無臭のナトリウム泉で、一夜をすごすにはのんびりできた。が、周囲に食事をする場所があまりないのが残念なところ。宿の食堂の簡単な中華料理セットですませた。

実はこの宿に入る前、別の宿も見学していた。キャンプ場を兼ねた天闊(テイエンクオ)温泉SPA會館。芝のキャンプサイトが爽やかで、温泉プールも使えるということで週末は満員の盛況だった。

このエリアで最大の温泉郷、寶來(バオライ)温泉は、不老温泉から車で十五分の距離である。いつも泊まらずに通過してばかりだが、国蘭花園VILLA會館のオーナーにはなにかと相談に乗ってもらっている。挨拶ついでに、周辺の野渓温泉について訊いてみた。寶來温泉からさらに山に入り、徒歩で渓流を遡った場所に七坑温泉、十坑温泉、十三坑温泉があるはずなのだ。

「年々状況が変わるし、ガイドを連れていかないと、なかなか辿り着けない難所がいくつかあるので大変だよ」

これらを踏破するのも生半可ではいかないようだ。

●不老温泉へのアクセス／高雄市の台湾高速鉄道「左營」駅からバスE01A番に乗車して「旗山」ターミナル下車。バスH11番に乗換え「不老温泉」下車。

●寶來温泉へのアクセス／高雄市の台湾高速鉄道「左營」駅からバスE01A番に乗車

して「旗山」ターミナル下車。バスH21番かE32番で「甲仙」ターミナル下車、さらにバス8029番に乗車して「寶來」下車。

台湾温泉通が教える 台湾百迷湯・南部編

少年渓温泉

十数年前、車を購入したばかりのときに、南部横貫公路沿いの温泉場をハシゴしたことがあった。吊り橋を渡ってしか辿り着けない少年渓温泉の無料の浴槽は秘境ムードたっぷりだった。

しかし二〇一九年に訪ねてみると、共同温泉などの施設をまったく見つけることができなかった。二〇〇九年の台風が、大きな土砂災害を引き起こし、周囲の温泉施設を根こそぎ流してしまっていたのだ。

それでも少しずつ再建は進んでいた。「阿里曼天籟(アリマンテンライ)の泉」という垂れ幕があるのを見た。丁寧に温泉マークまで入っている。車を停め、入口にいた主人らしき男性に訊いてみた。「嫁に訊いてくれ」という。すると奥からやや貫禄のあるにこやかなブヌン族の女性が出てきた。

「温泉が出るんですか?」と訊くと、「いま、お客さん用に湯を出すところだから、見に来なさい」と手招きされた。

奥まで行くと、正面が荖濃溪の濁流が真正面にごうごうと流れる絶景だ。その景色を前に、テントを囲んだキャンプ客がわいわい集まっている。

「さぁて湯を入れるよー」

セレモニーのようだ。スイッチをひねると勢いよく湯が入っていく。湯に触れてみると、けっこう熱い湯が出ている。

「上手のほうから引いているんだよ。台風で村がボロボロになってから、温泉が下火になってしまったけど、ここにいくつかあった露天浴槽は大事に残しているんだよ」

よく見ると、板を渡してテント設営用に改造してあるが、下は浴槽が隠れていた。キャンプ人気に合わせて、浴槽は残して板でフタをした形だった。温泉利用はひとり三百五十元。水着着用だが、この景観のなかでの温泉体験は格別だ。

女将さんによれば、この温泉は少年渓温泉に属しているという。場所的には勤和温泉のはずだが。「向こう岸にも温泉があったけどね」といっていたので、私が以前入ったことがある無料のコンクリートづくりの浴槽が実質上の少年渓温泉だったのかもしれない。十年前に流されて、もうないそうだ。

●少年渓温泉へのアクセス／高雄市の台湾高速鉄道「左營」駅からバスE01Aに乗車して「旗山」ターミナル下車。バスH21番かE32番で「甲仙」ターミナル下車。さらにバス8029番で「下勤和」下車。

台湾温泉通が教える 台湾百迷湯・南部編

玉穂温泉

南部横貫公路の温泉探しはさらに続く。河川敷工事が進む橋のたもとから横道にそれ、川沿いをさらに十分強遡ると、渓流のどまんなかに玉穂温泉があることは二〇一九年三月に訪れたときに確認していた。

そのときは半信半疑だった。橋のたもとから工事車両が通った轍に入り、砂利道を進んでいった。川の水は渇水状態だったが、普通の自家用車で辿り着けるか心配になってきた。そのくらいの悪路だった。途中の浅い水溜まりはなんとかクリアしたが、轍はまだ延々と続いている。

見晴らしがいい場所に出ると、人の気配。こういう荒涼とした場所に迷い込んだときには、人に会うことがなによりも勇気づく。

岩場の上手に、雨風をしのぐシートが並んでいた。数台の四輪駆動車が停車している。僕の車の出現に、そこから人が出てきた。「温泉はどこですかぁ?」と大声で訊く。と、彼らは向こう岸を指さした。湯に向かうらしき水着姿の夫婦が足下を気にしながらおりていくのが見えた。

車を乗り捨てて、歩きはじめる。湯屋は岩場に隠れてまだ見えない。この奥にある?　すると、岩場の陰から十人以上の人々が、砂利を掘ってつくったような、きれいな円形の浴場に浸かっているのが見えた。噴火口の湯に入っているような図だった。

ひとつの標識もなく、最後まであるのかどうかわからない不安を抱えながら探していたものだから、この露天浴場を見つけたときは本当に、宝の山を探り当てたような気分になった。

そそくさと水着姿になり入浴を試みる。湯加減はちょうどよい。親子連れやいくつかのグループが思い思いに浸かっている。皆で丸くなって入浴していると、不思議と和気あいあいとした気分になる。

訊くと、この露天浴場は台湾人男性がひとりでつくりあげたもので、入浴料金として百五十元をその主人に払うのだそうだ。それにしても、こんな荒涼とした場所を掘り、温泉として営業するなんて、なんと商魂たくましい人なんだろうと感心してしまった。ともあれ、大雨が降ればすぐに流失してしまうような場所を管理してくれているのだからありがたいことには違いない。玉穂温泉はこうしてゲットした。

●玉穂温泉へのアクセス／高雄市の台湾高速鉄道「左營」駅からバスE01Aに乗車して「旗山」ターミナル下車。バスH21番かE32番で「甲仙」ターミナル下車、さらにバス8029番に乗車して「頂勤和」の一キロ先で下車。バス停はないが運転手に伝えれば温泉入口でおろしてもらえる。さらに橋の右側の脇道から徒歩約三十分。

台湾温泉通が教える 台湾百迷湯・南部編

復興温泉

それから一年後の二〇二〇年三月、再び同じルートを訪れていた。どうやら前回は調査不足だったのか、さらに奥に、復興温泉という野渓温泉があるらしい。辿り着けるかどうか。復興集落でとりあえずリサーチしてみることにした。

集落に入る手前に、長い吊り橋が架けられていた。台風後に再建された吊り橋らしい。小さな集落には人影は少なかったが、洗車をしている男性を見かけて声をかける。体の頑丈そうなブヌン族の青年だった。

「ここから四十五分ぐらいの所にあることはあるけど……ダムを越えて、途中、何回か水に浸かるから、その格好で行けるかな？　水は膝上まである深さだから。四輪駆動車ならクリークを渡りながら近くまで行けるんだけど、その車では……」

心配そうに教えてくれた。

温泉の存在は確認できた。そこで、車が入れるところまで……とグーグルマップで復興温泉のマーキングがある場所まで農道を進んだ。川岸まで行くと、自家用車が数台停まっている。温泉に向かった人たちのものだろう。

昼前だった。往復二時間ほどで戻ることができるだろうと、轍を歩きはじめた。

しかし読みが甘かった。前日の雨で川は増水。流れが激しく水底がまったく見えない。膝上まで入ってクリークを渡る。延々と続く荒涼とした広い河岸。四輪駆動車が走った轍を辿って歩くので、迷うことはなかったが、一時間も歩くと心細くなる。温泉踏破という動機がなければすぐにでも引き返していただろう。

五つ目のクリークが見えた頃には、ため息が出た。足も震えてきた頃、丘の上に四駆車が二台見えた。ホッとしたが、さらに二度方向を見失い、崖の上から人が数人、入浴する姿を発見するまでに、クリークを合計で七つも渡ることになった。

もう困憊（こんぱい）状態。泉質などはどうでもいい。温かい湯に入れさえすればいい。

先客は七人。オートバイを途中で乗り捨てて来た親子三人と、四人のハイカー。ハイカーは温泉が目的ではないようで、足湯を楽しんだ後、そそくさと身支度をしておりていってしまった。

息子ふたりと自然の露天湯屋を占領している父親に聞いてみた。高雄市内から三人乗りでバイクを飛ばしてきたらしい。

「先週は水が少なくて、バイクで近づけたけど、今日は無理だった。何度も息子と川を渡ったよ」

そこそこの深さの自然の露天浴池には、上流から流れ出たぬるめの湯が流れ落ちていた。なにやら、コケのようなものが水着にまとわりつく。

「先週は水量が少なくて、ここはコケだらけ。入れるもんじゃなかった。それを掃除して、いまは入れるようになった」

と、二週連チャンの父親が教えてくれた。さらにここを三十分ほど遡った川べりにも上之湯という露天浴槽があるそうだが、降雨で水位が高くなり、湯屋に水が入ってしまった。スマホの画像を見せてもらうと、湯は川の色と同じ真っ茶色だった。源泉付近は卵を茹でられるくらい熱いが、温泉は入れないようだった。

戻り道を考えると、気が遠くなる。クリーク越えで川底を探る際に足の小指を強打して、腫れて痛んでいた。この足で歩かなくてはならない。五十五歳の運動不足の身にはキツイ。

結局、往復で四時間半もかかってしまった。ブヌン族の青年が「四十五分ぐらい」といったように聞こえたが、「四駆車では」といったのを聞き違えたようだった。天候が悪くはなかったのでよかったが、もう足が張って限界状態だった。

●復興温泉へのアクセス／高雄市の台湾高速鉄道「左營」駅からバスE01Aに乗車して「旗山」ターミナル下車。バスH21番かE32番で「甲仙」ターミナル下車。さらにバス8029番に乗車して「復興」下車。徒歩二時間。

四重渓温泉

復興温泉で体力的なダメージを受けたが、その足で、高速道路のインターがある台南県の官田まで出て、細くくびれた台湾最南端をめざした。

疲れていたので、近くで泊まろうとも考えたが、コンビニで飲んだコーヒー、メン

ソールガムよりも頭をスッキリさせたのが、愛文マンゴーの大産地、玉井で購入した絞りたてマンゴースムージー。産地なので三月からマンゴーアイス天国だった。シャキッと脳の芯まで染み通る。元気が出てきたので、台湾最南端の温泉、四重渓温泉まで飛ばすことにする。屏東の枋寮をすぎると、海岸通りになる。海を眺めながらのドライブは気分がいい。

国道一号線の南端、楓港(フォンガン)まで数キロ走ると、東海岸線へ抜ける国道九号線とのジャンクションとなる。が、ここは直進し、十キロほど先の車城で牡丹郷方向に左折。その先の街が四重渓温泉。ここが台湾最南端の温泉郷だ。

二十年以上前に訪ねてから、訪ねる機会はなかった。が、以前より立派な温泉郷としての地位を保っているようだった。自治体も整備に力を入れているらしい。足湯のできる温泉公園をつくるなどして温泉観光を盛りあげているという話を聞いていた。小高い丘の上には最新の温泉ホテルをオープンさせようとしているという情報もあった。

それでも、やはり入るなら源泉へ。古くからこの温泉郷に温泉宿を構えている清泉日式温泉館を訪ねた。日本統治時代は山口旅館として、日本人が経営していた。戦後は台湾人によって受け継がれ、代替わりしているが、いまは若い姉妹が宿のマネージメントを仕切っていた。

池のある中庭がある館内は、よい意味で日本時代からの風情を残していた。食堂も和風。客室も見せてもらったが、畳を使ってきちんと和風を演出している。内湯もあるスイート仕立て。裏手には南部台湾風に温泉プールも。水着着用だが、日帰り客でも利用できるようになっていた。

「ここは特別なときにしか使っていないのですが」といって案内してくれたのが、日本統治時代に昭和天皇の弟、高松宮宣仁親王が新婚旅行で投宿した際、特別にあつらえたという浴室。純白のタイルでつくられた美しい浴室をいまも大事に保存してある。湯もちゃんと出るらしい。

私は日帰り用に増設された、フロント脇の家族風呂を使わせてもらうことにした。脱衣室のついた贅沢な家族風呂で、自分で蛇口からお湯を出して湯を溜める。二〜三人は悠々と入れる広い浴槽。泉質はナトリウム炭酸水素塩泉で無色無臭だったが、滑らかな肌ざわり。やっぱり老舗に限るなぁ、とつい呟いてしまう。

表通りで食事をしようと物色していたら、清泉日式温泉館の脇に共同浴場があるのに気づいた。無料というので見学してみたが、これが半円形の、なかなか立派な内湯であった。遠くの街から入浴に来ていた年配の方も、気分よさげ。無料なので、人口の多い台北であれば満員になりそうなのだが、ここは二〜三人。地方の共同浴場というのはのどかで魅力的である。

●四重渓温泉へのアクセス／高雄市の台湾高速鉄道「左營」駅からバス９１８９Ａで「車城」下車。さらにバス２０１、３０１、３０２、５１８番で「四重渓」下車。

台湾温泉通が教える 台湾百迷湯・南部編

旭海温泉

「最果て」というべき温泉がこの四重渓温泉から東へ二十七キロの場所に控えていた。旭海（シュハイ）温泉だ。

明治時代、沖縄の宮古島の船が嵐に遭い、台湾に漂着。先住民に殺害されるという事件が起きた。この一件は、日本の台湾出兵まで発展する。その舞台、牡丹社の地をすぎ、四十分余りで旭海温泉の標識を確認した。

共同浴場を発見したが、自治体が管理していた。入場料が百五十元。ごく普通の内湯だった。ここまで温泉目当てに訪れる客が少ないように思えた。

目を引いたのが、隣のリゾートらしき建物の入口だった。せっかくここまで来たのだからと、門番に入れてもらって見学を申し込んでみた。「牡丹湾ＶＩＬＬＡ」という名称だった。突然の訪問だったが、スタッフが和やかに応じてくれた。中央の池を中心にヴィラが十数軒並ぶ館内。オアシスのような隠れ家的リゾートだった。

「近辺に住む先住民のリーダーが管理する土地だったんです。そこをウチのオーナーが気に入り、有効利用を願い出ました」

墾丁（コンティン）にリゾートをもつオーナーによる運営だということがわかった。

外を眺めていると、正面の水辺にシラサギがおりたって足を休めていた。長い足がやけに優雅に見えた。パラダイスのような風景。温泉も楽しめる。リゾートとしては一級だが、台湾の南の果てである。この先、改めて訪れることがあるかどうか。

ここからは台東県の南部から花蓮県にかけての渓流沿いの未知なる温泉群をこまめに入りつぶしていくことになる。先は長いが、全温泉踏破に向かってだいぶ数を稼ぐことができる。花蓮まで一本道である。

●旭海温泉へのアクセス／高雄市の台湾高速鉄道「左營」駅からバス9189Aで「車城」下車。さらにバス302番で「旭海温泉」下車。

台湾温泉通が教える台湾百迷湯・南部編

丹提温泉会館

台湾南部から東部を北上する道筋には多くの温泉がある。野渓温泉を探した金崙温泉郷もそのひとつ。実は二〇一九年の春、この界隈で源泉探索をしていた。地図情報によれば、金崙温泉郷の旅館街の先に延びる金崙渓の、奥へ二キロほど入った川辺が「温泉井」になっていた。そこが源泉らしい。

途中には湯煙をもうもうとあげる宿を数軒見かけたので、湯量は相当のものだと思われた。しかし源泉と思われる場所へ辿り着いても、寂しい里山然としている。

その先に、ヘビの紋様が入った黒い壺から、勢いよく煙が立ちあがっているのが見えた。ハクション大魔王が出てくるつぼの煙のようにも見える。そこに温泉宿があった。

宿の名は金崙丹堤（ダンディ）温泉会館。手がかりを尋ねてみようと、フロントへ。風呂あがりの数人の客が台湾茶ブレイク中だった。マネージャーらしき男性に、「この河岸が源泉のはずなのですが」と訊くと、こう説明してくれた。

「もともと金崙渓のなかで集中的に温泉が湧いていたのがこのあたりだったんですが、水害で埋もれてしまったらしいんです。その後、掘削の技術が普及しはじめ、周辺を盛んにボーリングしたら、あちこちで温泉が出た。そこを宿にして、この温泉郷がにぎわうようになったんです。うちもオーナーは高雄の人なんですが、温泉が出たので、数年前から宿をはじめたんです」

温和で人柄のよさそうなマネージャーだったので一泊の値段を訊くと、格安で泊まれる部屋を用意してくれたので、ここでご厄介になることにした。

奥には風雨よけの屋根がしつらえてあるだけの大浴場があった。泳げるくらい広い温泉プールがあったが、残念ながら水着着用。が、客は少なかったので、夜霧に紛れ、誰もいない温泉プールに水着を脱ぎ捨てて入ってみた。無色無臭、入ってもそれほど肌に粘着する感覚はない、マイルドな泉質だった。

台湾の人は日本人のように何度も温泉に入らない。宿に入り、夜一度入るだけの人がほとんどなので、早朝の時間は誰もいないことが多い。この宿も夜明けは無人。寝起きのひと風呂も満喫させてもらった。

マネージャーは、「ここは温泉が出るだけじゃなくて、大地が気を発する磁場があちこちにあるんです」と早朝に別の客とマイナスイオンを感じる森のなかへ連れていってくれたり、「虹をお見せしましょう」と温水ホースから勢いよく水を放出して、虹を出してくれたり、サービス精神も旺盛。おもてなしに満ちていた。

●金崙温泉へのアクセス／高雄市の台湾鉄路「高雄」駅から自強号で「金崙」駅下車。所要時間約二時間十分。台東駅から台湾鉄路で行けば「金崙」駅まで所要時間約四十分。

台湾温泉通が教える台湾百迷湯・南部編

知本温泉郷

知本渓沿いに温泉宿が続く知本温泉郷。以前、ロイヤルホテルグループ系の知本老爺酒店を見学させてもらったことがあった。日本資本が入った本格リゾート施設でもあり、二十年以上も前から運営しているリゾートだけに、すでに老舗的ムードを醸しだしていた。広いロビーを抜けて、温泉プールエリアへ。五十メートルプールやスパ施設があり、敷地は広かった。そのなかで私の興味はただ一点、裸で入れる露天風呂へ。

小高い丘を登った先に、奥の院のような離れがあった。和風の瓦屋根をふいたシブい趣の建物が露天風呂だった。男女別になっていて、塀に囲われた屋外に、こぢんまりとした岩風呂がしつらえてあった。純和風につくっているのは、さすがの日系リゾートである。

知本温泉郷で、もうひとつおすすめの宿を挙げるとしたら東台飯店だろうか。

屋外の大王椰子に囲まれた温水プールが壮観で、南国気分は満点。ここも相当に古い宿なので、客室の老朽化は気になるが、湯に浸かって空を見あげれば椰子の葉陰である。日本人にとって、この温泉風情は捨てがたい。

東台飯店の屋外エリアには温泉卵を茹でるスペースも設けてあった。源泉の温度は相当に高いのだろう。売店でいろいろ食べ物が売っていたので、チマキと肉団子スープを買った。ぼんやりと温泉に入る人々を眺めていたら、気のいい売り子の女性がバナナを一本お裾わけしてくれた。まったりした台湾ならではの空気感が心地よかった。

●知本温泉へのアクセス／台湾鉄路「台東」駅から「知本」駅下車。駅前からバス8129番で「知本温泉」下車。

第四章

台湾東部

猛暑と温泉が溶け込む河原温泉郷

台湾海峡
苗栗
縦貫線
台湾高速鉄道
清水地熱広場
鳩之澤温泉
大雪山
宜蘭線
蘇澳
阿里史冷泉
雪山山脈
南湖大山
中央尖山
碧候温泉
北廻線
文山温泉
台中
中央山脈
花蓮
彰化
集集線
縦貫線
高速公路
鴛鴦谷野渓温泉
萬榮温泉
台東線
瑞穂温泉
瑞穂
紅葉温泉
阿里山森林鉄路
玉山
太平洋
南部横貫公路
安通温泉
枋仔崙渓温泉
栗松温泉
六口温泉
霧鹿温泉
下馬
池上
轆轆温泉
台東線
台湾温泉MAP
台湾東部
桃林野渓温泉
上里野渓温泉
紅葉谷温泉
赤湯・黒湯
台東
N
25km
緑島

台東から台湾の東海岸を北上しながら、秘湯に浸かっていく旅がはじまった。最初にめざしたのは紅葉谷温泉だった。台湾の街路や山々を埋める木々は、日本のような紅葉にはならないと思うのだが、温泉名に使われることが多いのだろうか。地図を見ると、紅葉温泉もあり、少し混乱した。

「紅葉温泉は温泉郷といってもいいぐらい温泉宿があります。でも、紅葉谷温泉は野渓温泉系。河原の温泉だと聞いています」

フォルクスワーゲンのルポのハンドルを握りながら、広橋さんが説明してくれる。彼と僕では、温泉というものへの感覚が違うことが、これまでの台湾の秘湯巡りでわかっていた。彼のいうことは、疑ってかかったほうがいい。

紅葉谷温泉はかつて紅葉温泉といわれた。ブヌン紅葉温泉ともいわれるようだ。しかし水害に遭って温泉施設は流失。その後、紅葉谷温泉と呼ばれるようになったという。しかし温泉施設があるわけではないらしい。野渓温泉はあるはずという不たしかな情報を頼りに向かうわけだ。

朝から暑かった。気温は三十五度近くになっているかもしれない。車に乗せてもらい、こういうのもなんなのだが、広橋さんの車にはひとつ欠点があった。冷房がドイッ仕様になっていることだった。夏といっても、日射しは台湾に比べれば脆弱なドイツ。そこに設定されているのだ。七月の台湾の暴力的な日射しに負けてしまうのだ。車内があまり涼しくない。いや、けっこう暑い。

ましてや野渓温泉である。土坂温泉や金峰温泉の河原の熱気が蘇ってくる。太陽の光を遮る木々がない河原はたまらないのだ。その野渓温泉に向かっている。

紅葉橋という立派な橋を越えた。川に沿って少し進んだところで車を停めた。そこに河原にくだる石段があった。途中までおりてみた。イオウのにおいが立ちのぼってくる。これは温泉がありそうだ。

河原が見えた。中洲に人がいた。窪みが掘られ、そこに湯が溜まっているらしい。野渓温泉である。台湾人のカップルだった。湯に足を入れている。

岩陰で水着に着替え、河原に出た。やはり暑い。中洲の温泉の手前に幅三メートルほどの浅い流れがあった。それを渡ろうと流れに足を入れた。

「熱ッ」

あわてて足を引いた。中洲との間にある細い川を流れているのが温泉だったのだ。五十度近いかもしれない熱さだった。

朝の十時をすぎ、気温は三十五度を軽く超えていた。気温が高いから、温泉川から湯気があがらない。ただの川の流れのように見え、足を入れてしまった。台湾の温泉は油断できない。

「熱ッ。熱ッ。熱ッ」

と短い声を発しながら、つま先歩きでなんとか温泉川を越えた。

台湾人カップルが足を入れる湯を触ってみた。かなりの高温だ。これではとても体まで浸かることはできない。できるのは広橋さんぐらいだ……と思っていると、彼はもう、腰まで湯に入れていた。しかしかなり熱いらしい。早々に湯から出、こういった。

「温泉川は流れながら温度がさがっていくと思うんです。この流れに沿って歩いていけば、湯に浸かることができると思うんです」

説得力はあった。しかし、なにもそこまでして湯に入ろうとも思わない。しかしそういう雰囲気でもなく、彼の意見に従った。

中田カメラマンは、僕らが河原で湯に浸かっているところを、紅葉橋の上から撮ると、そそくさと戻っていく。その後、なんだか間抜けな入浴風景の写真を撮られることになるのだが。

温泉に入るつもりだったから、ビーチサンダルに履き替えていた。石がごろごろと続く河原は歩きにくい。ときおり身をかがめ、川の流れを指先で触れ、温度を確認する。

まだ熱い。

二十分ほど歩いただろうか。遮るものがなく、歩きにくい炎天下の河原だったから、実際は十分ぐらいかもしれない。もうへとへとである。流れに指を入れる。まだ熱い。温泉というのはなかなか冷えないものなのだろうか。いや、この日射しのせいかもしれない。おそらく河原の表面と温泉の温度差は五度もない。ぐらぐらと揺れる岩を乗り越え、転がる石に足をとられ、さらに十分ほど進んだ。流れに手を入れた広橋さんがいった。

「もういいんじゃないかな」

僕も手を入れてみた。熱い。四十五度ぐらいだろうか。これまでの温泉旅で、広橋さんの温泉ストライクゾーンの広さは知っていた。冷泉からかなり熱い湯でもこなしてしまう。温泉マニアはそうでなくてはいけないのかもしれないが、僕には熱い。し

左：紅葉橋を越えると、河原におりられそうな階段があった。このときは、炎熱野渓温泉が待っていることをまだ知らない

下：左側を流れているのが温泉川。掘った跡に足を入れると、またしても、「熱ッ」

かしもう少し温度が低い湯となると、この先どのくらい歩かなくてはいけないだろうか。歩きにくい河原を思うと、このへんで手を打つしかなかった。

そうは決めたものの、さて、どうやって入ろうか……。窪みを掘る道具はない。すると広橋さんがTシャツを脱ぎ、流れのなかで腰をおろし、そのまま体を横たえてしまった。たしかにこの状況を考えれば、その方法しかないのだが、なんの迷いもなく、あっさりと流れに身を委ねられると、こちらが困ってしまう。しかし上から見ればなんという間抜けな男に映るだろうか。日本からやってきて、川の小さな流れに、海水パンツ姿で横たわっている……。それを橋の上にいる中田カメラマンが撮っているのだ。

しかしそれしかない。僕も広橋さんに倣った。

意外だった。河原の温泉川入浴は思った以上に快適だった。少し大きめな石を首の下に置く。湯が体の周りを流れていく。これは優れた入浴法かもしれない。

しかし、そう思ったのは二分ほどだった。河原だから、日射しを遮る木がない。前章で朝日温泉を訪ねている。その翌日、この紅葉谷温泉にきたのだが、また同じ状況になってしまった。磯が河原になっただけだ。いや、磯よりさらに暑かった。

頭上からは、強烈な日射しががんがんと照りつける。流れに仰向けで横たわっているから、湯に浸かっていない腹や脛には日射しが突き刺さる。皮膚の表面温度は四十度を超えているはずだ。そのうちに、どこまでは湯なのかわからないような錯覚に陥る。

身を起こした。あたりを見渡しても日陰はない。このままいったら熱中症が待っている気がする。温泉に浸かって熱中症？　そんな話は聞いたことがない。

引きあげることにした。照り返しの強い河原をとぼとぼ歩いた。どのへんで川を渡ろうかと悩んだ。上流になるほど、温泉川の温度はあがっていく。しかし渡った先の足場が悪いと大変そうだ。結局、最初に渡った地点しかなかった。

「熱ッ、熱ッ」

つま先歩きで、なんとか川を渡ったのだった。

紅葉谷温泉から栗松温泉に向かった。ここは嘎拉賀（ガラホ）野渓温泉のような谷底温泉らしい。広橋さんが以前に訪ねていた。

「嘎拉賀よりはずっと楽ですよ」

と彼はいっていたが、その言葉は信じないことにしていた。彼の言葉を鵜呑みにしたおかげで、これまでどれほど苦労していたことか……。それにこの暑さである。気温が低い時期と違い、少し歩いただけでも汗が噴き出てくる。僕の年齢には堪える。紅葉谷温泉を離れ、車に戻ったが、彼の車はドイツ車で冷房の効きが台湾モードになっていない。途中のコンビニで冷房休憩したほどだった。そんな暑さのなか、谷底温泉まで歩くことができるのだろうか。

車は台湾の東海岸の道を北上し、南部横貫公路に入っていった。新武呂渓（シンウーロ）という川に沿った道を深い山に向けて進んでいく。

南部横貫公路は行き止まりの道だった。かつては台南と台東を結ぶ道として多くの車が行き交っていたが、二〇〇九年の八八水害で寸断されてしまった。すでに十年以上が経過しているのだが、いまだに不通のままだった。

栗松温泉はその途中にあるという。谷底へのおり口までの道は通ることができるようだった。

途中、下馬という集落に寄った。今夜はここにある民宿に泊まる予定だった。そこからさらに二十分ほど進んだ。栗松温泉の入口に出た。とくに標識があるわけではない。この温泉は以前、広橋さんが訪ねていたから、この温泉へのアプローチを心得て

コンビニはイートインスペースのある店舗も多い。つい涼み休憩

途中寄ったガソリンスタンドで働いていたのは先住民、ブヌン族の女性だった

いた。入口には三台ほど車が停まっていた。しかし広橋さんがいうには、ここから少し先まで車が入ることができるという。十分ほどだが、歩く距離が短くなる。若干だが僕の体力を気にしてくれたのかもしれない。

しかしその道は彼が歩いた気温が低い一月とは様相を変えていた。いまは七月。草が縦横無尽に生い茂り、幅二メートルほどの道を覆いかぶさるような勢いでせり出していた。車はその草をかきわけるように進むことになる。ボディから草が擦れる音が響く。

そのときだった。「ガガガーッ」という音が響いた。急いで車をおりる。石か金属棒のようなものが突き出ていたらしい。草に覆われてよく見えなかったのだ。ボディには、くっきりと傷が残り、ドアが閉まる部分には窪みすらできていた。

「妻に怒られるー」

これが広橋さんの第一声だった。同じような旅をしているので、その心境がよくわかった。台湾の温泉制覇などと息巻いても、それは奥さんには関係ないことだ。広橋さんの奥さんは台湾人だが、日本人でも同じだろう。好きで温泉を渡り歩いているだけだと映っている。それが許されるのは、経済的に家庭への負担が少ない範囲だからだ。しかし車のボディを傷つけたとなると話が違ってくる。台湾での修理代はどのくらいかかるのだろうか。車には詳しくないが、二十〜三十万円はかかるような気がする。それを家で負担するとなると、旗色は一気に悪くなってしまう。谷底温泉への道がどれほど厳しかったか……などと話しても、「だからなんなの？」というのっぺりとした顔での言葉が返ってくるだけなのだ。

しかし車に傷はついてしまった。もうしかたがない。

車が入ることができるぎりぎりまで進んだ。靴紐を締め直し、歩きはじめる。嘎拉賀野渓温泉を訪ねたときは、険しい山道とも知らず、普通の革靴だった。これはまずい、と今回はトレッキングシューズを履いていた。

香港人の若いカップルが温泉から戻ってきた。香港から飛行機に乗って、わざわざ谷底温泉の山道を歩く気持ちがわからないが、まあ、人のことはいえない。ふたりは息があがっている風でもなく、足どりは軽そうだった。広橋さんがいうように、栗松温泉への道は短いのかもしれない。淡い期待を抱いてしまう。

栗松温泉のくだり口には、プラスチック製の箱が用意されていた。そこに軍手が数十枚入っていた。温泉に行く人がここで軍手をはめ、帰りに置いていくというシステムだった。

嫌な予感がした。

日本の山を登るとき、しばしば軍手をはめる。岩の露出が多い登山道の場合や、鎖場があるときだ。鎖場というのは、急な斜面で、垂らされた鎖につかまって登る難所である。栗松温泉への道は、実はそんな道なのではないか。広橋さんは、嘎拉賀より楽といっているが。心は不安と楽観する思いの間を右往左往していた。

くだりはじめると、山道の両側に道を間違えないようにと、ロープの柵が設置されていた。

軍手はこのためか……。

一瞬、安堵したが、そのロープ柵は三十分ほどくだると途切れてしまった。そこから目にした斜面を前に天を仰いだ。嘎拉賀野渓温泉への道よりさらに険しい急斜面が続き、そこに二、三本の太いロープが吊るされていた。それを握って斜面をくだるのだ。

軍手はこのロープを握るとき用だった。台湾の谷底温泉は甘くなかった。

岩が顔をのぞかせる急斜面だった。体の向きを変え、ロープをつかみ、後ろ向きに

上：はじめて目にした栗松温泉の表示。下のケースには軍手が用意されていた

左：嘎拉賀野渓温泉ははしごだった。しかし栗松温泉はロープ。これが長い……

ならないとくだることができない。十メートルほどのロープが終わると、また次のロープが吊るされている。そんな道を、足場に注意を払いながらくだっていく。日本の北アルプスの頂上付近の急な道と変わりはない。谷底への道は急な崖を一気におりていくルートになっていたのだ。

嘎拉賀より楽？

とんでもなかった。完全な崖ではないか。くだっていくときはまだいいかもしれない。しかし帰路、このロープにつかまり、体を引きあげていかなくてはならないのだ。その傾斜度は嘎拉賀野渓温泉よりはるかにきつく、長い。どこから、嘎拉賀より楽などという言葉が出てきたのか。

最後は岩がガラガラと堆積した斜面になった。ロープを伝っておりると谷底に出た。

前には穏やかな流れがあった。嘎拉賀野渓温泉もそうだったのだが、崖をくだり終わって出た沢は、まるで山のなかに突然、出現した桃源郷のように美しかった。ここに温泉宿でもあったら、何日も居座ってしまいそうだった。

あたりを見まわした。しかし温泉がない。

左：ようやく眼下に河原が見えてきた。最後はロープ＋梯子もう汗だく。握力も弱くなってくる

下：２時間くだってこの眺めに出合う。まるで桃源郷といえるのは、後になってから。このときは肩で息をするばかり

「いったん川を渡って、対岸の岩場を上流に進むと、そのまた対岸に温泉があるんです」

「………」

まだ先なのか。

広橋さんの説明を聞きながら、その岩場を見てみる。鎖が渡されていた。

ずいぶん迷った。しかし足は動かなかった。嘎拉賀野渓温泉と同じだった。川底までくだったのだが、温泉に入る気になれない。帰りの急登を考えると、のんびり湯に浸る気分にどうしてもなれないのだ。栗松温泉は、台湾で最も美しい野渓温泉などといわれているらしいが、そんな言葉をいくら聞かされても、心は動かなかった。

そんな僕を尻目に、広橋さんはばしゃばしゃと川を渡り、対岸の岩に張りつき、鎖をつかんで体を押しあげていく。やがて姿も見えなくなった。中田カメラマンもその後を追った。

嘎拉賀野渓温泉は対岸から写真に撮ることができた。しかし栗松温泉は、急斜面をおりきった地点からはなにも見えない。栗松温泉に行って、温泉の写真がないというわけにはいかないだろう。僕は河原で休んでいてもいいが、カメラマンはそうもいか

「じゃあ、いってきます」。広橋さんは川を渡り、この岩に。温泉熱の違い？

やはり温泉に入るべき……と川を渡ろうとしたが。やめた瞬間の写真です

ない。つらいところだ。

先に戻ってきたのは中田カメラマンだった。

「あの岩を鎖につかまって越えて、しばらく行くと、対岸に温泉が見えるんです。しかしそこに行くためには、もう一回、川を渡らなくちゃいけない。そこはかなり深そうで、カメラが水没したら大変なんで」

と息を弾ませて説明しながら写真を見せてくれた。そこまで辿り着いた達成感がそうさせるのか、皆、カメラに向かって手をあげている。そのなかに広橋さんもいた。

大きめのザックを背負った欧米人が姿を見せた。訊くと、この河原でキャンプをするのだという。そういうと、服はもちろん、靴を履いたまま、ばしゃばしゃと水に入り、体を流れに浮かせた。火照った体を冷やしているようだった。しばらくすると、川のなかで立ち、温泉の方向を訊いてきた。指さすと、そのまま川のなかを歩いていった。水深はすぐに深くなり、肩のあたりまで水に浸かっていたが、そんなことはものともしない風情で奥に進んでいく。背が立たなくなったら泳げばいいぐらいに考えているのかもしれなかった。やがて彼の姿も岩陰に消えていった。

ときおり、欧米人のなかには、異星人のような行動を起こす奴がいる。彼もそのひ

栗松温泉はこんな感じです。湯が流れ落ち、それを溜めるスタイル。もちろん僕は見ていません

とりだった。僕にはついていけない世界だった。

予想通り、帰りはつらかった。筋肉の疲れは、足だけでなく、腕や肩まで広がった。ロープを握ったときの筋肉疲れだった。ロープを握ってあがる崖は、途中で休みにくい。ひとつの崖をのぼりきると息があがる。そこで立ったまま息を整え、また次のロープと進んでいかなくてはならない。暑いから水も飲む。ペットボトルの水はもう残り少ない。歯を食いしばるしかない。

軍手が置いてあった地点に戻ったときはヘロヘロだった。暑さも加わっていたかもしれないが、嘎拉賀野渓温泉よりつらかった。

少し休んだ。広橋さんが前にひとりでこの温泉に来たときの話をした。

「いま思えば、栗松温泉を制覇してから、野渓温泉巡りとはこういうもの、というセオリーがわかった気がしました。どんなところでもドンと来い、という気分になってきた。炎天下の河原を延々とひとりで歩いても、滑り落ちそうな坂道に出合っても、諦めない度胸が身についたのかもしれない」

僕はその声を、水を飲みながらただ聞き流していた。

そこから下馬民宿まで車で戻った。途中、利稲というブヌン族の村で休んだ。売店

左：急な崖登りが待っていた。ロープを握りしめ、体を引きあげていくしかない

下：栗松温泉の入口の周辺は高原キャベツの畑。このあたりの標高は1500メートルほど

でポカリスエットを買った。一気に一本を飲みほしてしまった。ポカリスエットがこんなにおいしいものだとは知らなかった。

　さすがの広橋さんも疲れたようだった。栗松温泉の急な坂道……というより崖のおり登りに加え、高い気温が堪えたのだろう。夕食の途中から、頭が痛いと訴え、早々に横になってしまった。

　しかし翌日は、さらに険しい道が待っていた。めざす温泉は轆轆（ルールー）温泉というらしい。下馬民宿から一日歩いて着くのだという。嘎拉賀野渓温泉、栗松温泉と谷底温泉をふたつ体験し、台湾の超秘湯への道がだいたいわかってきた。先住民族の村から、谷底に向けて尾根道を一気にくだっていく。効率はいいが険しい山道だ。その先の谷に温泉が湧いている。谷に沿って道をつくると、豪雨のときに流されてしまうのだろう。

　轆轆温泉まで片道一日ということは、谷の入口まで半日以上歩くということだろう。稜線に沿った道かもしれない。下馬民宿の主人の話では、途中の道は歩くだけで泥だらけになるという。谷を進むのだろうか。どちらにせよ、この暑さである。きつい温泉行になる。

ブヌン族の集落で小休止。近くにいたおじさんが日本語で声をかけてくる

下馬民宿。この一帯では頼りになる宿。売店は近隣の人のスーパー代わり

一泊になるので、ガイドが必要ということだった。テントや食料はガイドが用意するという。そのあたりは民宿の主人に依頼していた。

夜、なんとか体力を回復させようと部屋で寝ていると、民宿の娘さんがやってきた。

「明日のガイドはなかなかみつからないんです。いまは登山シーズンで、このあたりのガイドは玉山登山に駆り出されているものですから」

僕は淡い期待を抱いた。ひょっとしたら、轆轆温泉はキャンセルになる……。

疲れが溜まっていた。谷底にある栗松温泉への険しい崖道に体力を吸いとられ、猛暑がそこに追い打ちをかける。もう体力は限界に近づいていた。もし、ガイドの手配がついたら、頼んだ以上、轆轆温泉に向かわなくてはいけないのだろうか。広い板敷きの部屋だった。布団に仰向けになり、天井を見あげる。

再び、民宿の娘さんが現れた。ガイドは難しいと申し訳なさそうにいった。

「いえ、いえ大丈夫ですよ。ほかの温泉に行きますから」

広橋さんに通訳してもらうと、目を閉じた。ほッとしたが、それ以上の言葉を口にするエネルギーもなかった。

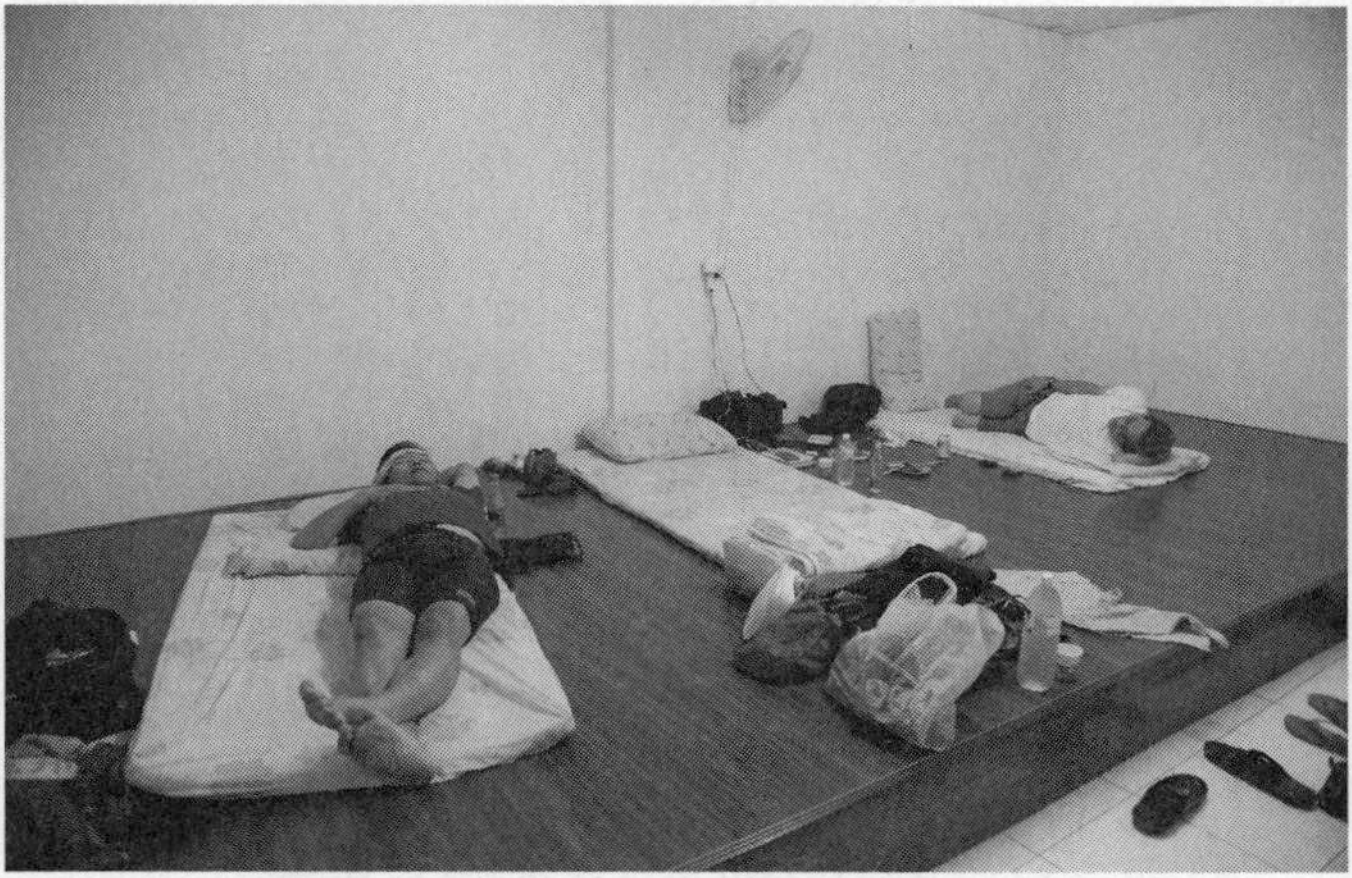

夕食もそこそこに横になる。温泉往復の道で消耗し、このありさま

ガイド探しで頑張ってくれた下馬民宿のご主人の邱永福さんと奥さん、娘さん

泊まった下馬民宿の標高は千五百メートルあった。久しぶりに涼しい夜だった。昏々（こんこん）と眠った。さわやかな朝だった。しかし一階の食堂への階段をおりながら、疲れは澱（おり）のように溜まっていることがわかる。六十歳を超えた体は、そう簡単に回復しない。いや、栗松温泉への道がきつすぎたのか。

しかし台湾では、次から次へと温泉が出現する。下馬民宿から三キロほどくだると、左手に浴槽が見えた。入り口は閉まっていたが、脇から入ってみると、立派な温泉施設だった。明日からでも開業できそうだった。宿泊施設はなかったが、シャワーやトイレ、休憩スペースもある。温泉宿というより、規模は大きくないが健康ランドをめざしているようだ。多分いま、営業許可を待っているのだろう。

台湾の東側の幹線に出、北上していく。富里というエリアの役所に寄ると、

「うちにも温泉はありますよ。富里郷石牌（シーパイ）村というところで温泉が出ています。その村長を呼びましょうか」

と話がすぐに広がる。なんだか皆、親切だ。村長とは富里郷の施設の前で会うことになった。日本でいうと公民館のような施設らしい。

高そうな四輪駆動車で現れた村長さんは、すぐに名刺を渡してくれた。楊文慶さ

この一帯は少し掘れば温泉が出るってこと？　地図にない温泉が急に現れる

富里郷公所の職員が連絡をとってくれた。村長の楊文慶さんがやってきた

ん。地元で霊芝の栽培をしているという。霊芝は漢方薬に使われるキノコだ。楊さんの車の後をついて村のなかを走り、やがて川に沿った未舗装路を進んだ。ちょっとした空き地に出、そこで楊さんの車が停まった。

ここからは歩くしかないという。脇を渓流が流れていた。沢の土手を進み、沢におりた。上流は、水害の跡のように大きな岩が重なり合っている。スニーカーを履いた楊さんは、岩に足をかけている。

「ここ、登るんですか」

楊さんはにこやかに頷くのだった。

嘎拉賀野渓温泉や栗松温泉への道は険しかった。しかし崖には梯子やロープが垂らされ、道はつくられていた。しかしこの温泉は道がなかった。人が歩いた痕跡もない。岩を渡るようにして沢を詰めていかなくてはならない。背丈より高い岩を前に、どちらからまわり込もうかと思案する。ひとつの岩を越えると息が弾む。昨日までの疲れが足にきていることがわかる。これまでは谷底におりていったが、この温泉は沢登りである。

汗を拭う。沢の水は勢いよく流れくだり、ときおり池のように溜まっている。そん

上：この先に護岸工事が施されたところがあった。しかし人の手が入ったところはそこまで。あとはただの岩

左：台湾の超秘湯は本当にきつい。汗を拭きながら愚痴をこぼしたくなる

な道を二十分ほど登っただろうか。

十メートルほど先を歩く楊さんの足が止まった。崖に向かって手をかざしていた。そこが温泉なのだろうか。近づきたいのだが、岩が遮っていて足場がない。見ると、黒いビニールホースがのびていた。以前、温泉を下まで引いていたのかもしれなかった。ホースの脇のわずかな窪みに足をかけ、注意しながら進んだ。やっと楊さんが立つところまで辿り着いた。

崖の途中から水が湧き出ている。手で触ると温泉だった。あまり熱くはないが、たしかにイオウのにおいがする。崖には固まったイオウが付着していた。

「下に小さな滝つぼがあるでしょ。いまは小さいけど、しっかり掘れば、立派な野渓温泉になりますよ」

楊さんは手にしたストックで、その方向を指しながら教えてくれた。少しぬるいが、岩に隠れた秘湯ができあがる。周囲の風景はかなり荒々しい。雰囲気がある野渓温泉になる気がした。

沢を流れる川は枋仔崙渓(ファンズルン)と呼ばれていた。僕らは勝手に枋仔崙渓温泉と呼ぶことにした。

上：ここまでくると秘湯巡りという世界を逸脱している気になってくる。どこまで深みにはまっていくのか……と沢を見あげる

左：やっと温泉に着いた。といっても、湯が流れ落ちているだけだった

その日はさらに北上し、紅葉温泉旅社に泊まった。瑞穂から谷に入り、車道の行き止まりまで行くと、中央の樹木を囲むような広場に出た。囲むように温泉宿が建っていた。以前に訪れた泰安の警光山荘を思い出した。道のどん詰まり。背後の山を借景したような温泉宿……。入口に宿の歴史が中国語で記されていた。一九一九年にできた宿で、日本人の警察官用の宿だったようだ。当時は滴翡閣（ディーツィグ）と呼ばれていた。泰安の警光山荘に雰囲気が似ている理由がわかった。

歴史があるということは古いということだ。それは宿代に如実に反映され、一泊六百元。民宿並みだった。安さを求めていくと、日本統治時代の建物になっていく。これは台湾の温泉宿のひとつの傾向かもしれない。

「日本風の畳部屋がありますよ」

宿の管理人風の男性に部屋を案内された。八畳間ほどの部屋だった。畳の上で昼寝をしたら気持ちがよさそうだった。しかし窓が開け放たれている。

冷房がない？

訊くとこんな言葉が返ってきた。

「そう、この部屋は冷房がない。いまの時期は誰も泊まらないね」

紅葉温泉旅社の建物は老朽化が進んでいる。ほッとするのは日本人だけ？

紅葉温泉旅社は温度の違う３種の浴槽。どれも露天風呂。夜なら裸も可？

日は西に傾いてきたとはいえ、気温は三十五度近くある。和風の部屋は魅力だったが……。

宿には三種の露天風呂があった。なかなか広い。湯は関西の有馬温泉と成分が同じというのが宣伝文句だった。錆びた鉄色の湯だ。しかし水着をつけなくてはならない。露天風呂は温度によってわかれていた。中間の温度の風呂で体をのばす。背後の山を眺めながら、肩のこりをほぐす。これだよな……とひとりごちる。

考えてみれば、これが普通の温泉だった。金峰温泉、朝日温泉、紅葉谷温泉、栗松温泉……渡り歩いてきた温泉を思い返すと、いったいなにが普通の温泉なのかわからなくなってきていた。台湾の南から東にかけた温泉地帯で、普通の湯船に浸かったのは知本温泉だけなのだ。僕はいったいどんな世界を歩いてきたのだろうか。これを温泉旅といっていいものだろうか。台湾の温泉と聞いて目を輝かせた人たちは、この温泉旅を読むと、そっと離れていってしまうのではないか。

凝りもせず、というか、動きはじめた温泉旅はそう簡単に止まることができないのか、翌日もまた、広橋さんの赤いフォルクスワーゲンのルポに乗って超秘湯をめざした。萬榮温泉である。

夕食は近くの瑞穂の街に買い出しに。地方都市の風情だが店は充実。台湾の底力？

テイクアウトした鴨肉、ギョーザ、野菜炒め。これでひとり140元、約518円

この温泉は萬里渓に沿ってあるはずだった。入口は風林鎮西賓村（フォンリンヂェンシイバオ）。しかし村に着いても、どの方向に温泉があるのかわからない。勘を頼りに村の道から山に入り、これ以上は進めないという地点から歩きはじめた。ぬかるんだ山道が続いていた。少し歩いただけで汗が流れる。今日も暑い。

道は山の斜面に沿ってのびていた。どこかで萬里渓にくだる道に出るような気がしたが、道は川から遠ざかっていく。いったん引き返すことにした。村の人に訊くしかない。

わかってきたことは、山道に入るのではなく、河原を上流に向かって進んだところに温泉はあるということだった。川歩きバージョンか……と村の中心から坂道をおり、河原に出た。そこで足が止まってしまった。

水量が多いのだ。川の流れも速い。紅葉谷温泉とはまったく違った。はたして渡ることができるだろうか。広橋さんが水着に着替え、川に入ってみた。途中まで行って足が止まった。

「体をかなりもっていかれます。流れがかなり強い。ちょっとバランスを崩すと流されるかも。カメラをもって川を渡るのは難しい……かなぁ」

別の渡河地点を探すしかなかった。いったん村に戻り、下流にある橋を渡って対岸から中洲におりてみた。炎天下の河原を上流に向かって進んだが、やはり速い流れにぶつかってしまった。

諦める……？　そんな空気が支配しはじめたが、広橋さんは心残りらしい。台湾の全温泉に入ることを目標にしている彼にしたら、ここまで来て……という思いがある。

僕はもうひとつ、気になることがあった。それは西寶村で聞いた言葉だった。先住民族の老人だった。

「萬榮温泉？　途中でヘビが出る。食べるとうまいけど」

きちんとした日本語だった。ヘビ……。それは毒があるのだろうか。

結局、広橋さんがひとりでトライすることになった。僕と中田カメラマンは、萬里渓沿いにあった林田山林業文化園區という小さなテーマパークのような施設で待つことにした。日本統治時代、山から切り出した木材の集積場の跡地だった。日本風家屋が数多く残っていた。二時間ほど待っただろうか。

「川を渡った先で、さらに激流を三回も渡らないといけなかったんですよ」

戻ってきた広橋さんは、萬榮温泉の話をはじめた。どんな温泉だったのか。そのあたりはこの章の後半（263頁）、広橋さんの話を読んでほしい。

萬榮温泉から花蓮に出た。台湾の東海岸では知られた街だ。僕も何回か訪ねていた。この街に一泊した。実はラジオの収録があったのだ。僕は年に数回、ＮＨＫの「ラジオ深夜便」に出演していた。電話で出演する生放送だった。音がいい固定電話を使わなくてはならず、山のなかの民宿では電波に不安があった。

番組では、いま続けている台湾の温泉旅の話をした。アナウンサーが素朴な疑問を投げかけてくる。

「どうしてそんな厳しい温泉旅に出たんですか」

一瞬、言葉に詰まった。台湾の温泉がこんなにも過酷だとは思ってもみなかった。

「なんとなくこういう流れになってしまって。ちょっと後悔してます」

半分、本音だった。しかし二度と来ないかと訊かれれば返事に困る。台湾の秘湯世界は、いままで訪ねた台湾ではなかった。これほど山の緑に染まったことはなかった。先住民と濃厚に接する旅もはじめてだった。つらい旅だが、僕には新しい台湾だった。新鮮な旅だった。癖になる？　そんなことをいうと、また空港から赤いフォル

萬里渓は大量の水が滑るように流れくだっていた。呆然と見つめるしかない

広橋さんだけ萬榮温泉へ再トライ。軟弱な僕らは林田山林業文化園區で休憩

クスワーゲンに乗ってしまう気がして腰が引けるのだが。

花蓮から清水断崖を越え、碧候（ビーホウ）温泉に行ってみた。南澳北渓という川岸にあるはずだった。東海岸の幹線を北上し、出合った川に沿った道を山に向かって進んでいく。この四日間、そんな温泉旅を繰り返していた。シチュエーションが同じだから混乱する。そういった場所は水害にも遭いやすいから、流出と再建を繰り返している。台湾の温泉にすべて入るという広橋さんの目論見は永遠に終わらないことになる。巨木の葉の数を数えるようなものだった。数えているうちに葉は色づき、やがて散っていく。そして春になると、また新しい葉がつやつやとした色で枝先を埋めていく。

碧候温泉もそのひとつだった。以前は温泉があったらしい。いったんは閉鎖されてしまったが、行政の資金で再建が進んでいるという。しかし温泉に向かう山道脇の電柱には、「尚未開放」という看板が貼りつけられていた。

二十分ほどで碧候温泉に着いたが、やはりオープンは先だった。しかし施設の建設は進んでいた。足湯も楽しめる温泉プールもできていた。湯は入っていなかったが。個室の温泉棟もできあがり、受付棟では職員が机に向かっていた。しかしいつオープンするかはわからないという。

上：萬榮温泉から花蓮に出た。台東以来の都会。太魯閣渓谷への玄関口でもある

左：花蓮名物のワンタン。台湾で普通「餛飩」だが、花蓮では「扁食」という。ワンタン麺１杯75元

入口脇のベンチで作業着を着た男性や女性が休んでいた。タイヤル族だった。草刈りや掃除が主な仕事だという。家はすぐ近くにあるらしい。

広橋さんは源泉や野渓温泉について訊いてみた。

「あるよ。この川の河原を上流に向かって歩いていくと、ね。でも雨が降ると水が一気に出るし、ヘビもいる」

またしてもヘビだった。前日、萬榮温泉まで歩いた広橋さんは、その道のつらさを思い出したのか、野渓温泉まで歩こうとは口にしなかった。

僕はその脇で南澳北渓の流れをぼんやり眺めていた。石がごろごろと散りばめられた広い河原だ。川幅は三メートルほどだろうか。この流れが、ひとたび雨が降ると一変してしまうのだろう。

北上することにした。その先にあるのは蘇澳（スーアオ）の街だった。そこまで行けば、台北はそう遠くない。

蘇澳は沖縄の本を書くために訪ねたことがあった。戦後しばらく、沖縄を舞台に密輸が盛んになったことがあった。台湾側の拠点は蘇澳だった。

空襲の被害が本土や沖縄ほどひどくはなかった台湾から、砂糖や薬などが密かにも

幹線を折れ、碧候温泉に向かう山道を進んでいく。するとこの電柱看板

碧候温泉の施設はほぼ完成。この周辺はタイヤル族の村

ち出された。蘇澳を出た船は与那国島へ。そこから沖縄本島の糸満などに運ばれ、最後には大阪に届いた。それらの物資が闇市を支えることになる。

砂糖や米の代金ははじめ、沖縄に残された鉄くずで支払われた。地上戦の場になった沖縄には、破壊された施設や車両、無数の薬莢（やっきょう）などが転がっていた。それを集め、台湾からの密輸品の代金にあてたという。やがてそこにアメリカ軍の基地からの盗品も含まれるようになっていく。それを担ったのが、戦果アギヤーと呼ばれた男たちだった。

なにもかも失ってしまった沖縄の人々にとって、アメリカ軍の基地に潜り込んで食料や菓子、薬などを盗むことは戦果と呼ばれた。切ない言葉である。戦勝国アメリカに対する庶民の抵抗だった。戦果アギヤーは、戦果を挙げた者という意味になる。

敗戦から六年ほどの間、台湾との密貿易は膨らんでいった。蘇澳には琉球町もできあがっていったという。しかし戦果のなかには武器が含まれるようになっていく。それらは台湾を経由して中国共産党に渡っていることが明るみに出、密貿易ルートはアメリカ軍によって掃討されていく。その痕跡が残っていないかと蘇澳の街を歩きまわった。しかし、琉球町には必ずある、石敢當と書かれた石柱など、沖縄を残すものは

蘇澳港には漁船がびっしり停泊。船員はインドネシア人やフィリピン人が多い

蘇澳港を囲むように海鮮料理店や海鮮屋台が並んでいる。おばさんの客引きは強引

なにもなかった。

しかし今回は温泉旅である。この街に冷泉があるはずだった。冷泉といえば、この温泉旅をはじめた日に入った北埔(ベイプー)冷泉を思い出す。濁った泥のような湯だった。冷泉だから温度は低い。一見、泥水溜まりに映り、温泉と聞いても体を沈める気にはなれなかった。足湯でごまかした記憶がある。またあの種の温泉か……。テンションはあがらない。

車は蘇澳の市街地の住宅街をゆっくりと進む。街のなかに、その温泉はあった。これまでの山のなかの、険しい道や石段をくだった温泉とは違う。少し安堵したが、冷泉のイメージは北埔冷泉で刷り込まれているから、やはり足どりは軽くない。

入口に阿里史(アーリーシー)冷泉と書かれていた。男湯と女湯がわかれている。ということは日本スタイル。裸になって入ることができる。しかし所詮は冷泉である。

「非住民七〇元」と書かれていた。が、入浴料を払う場所がない。こういうときは、「このまま入っていいんじゃない」とすぐに拡大解釈する性格だから、得をした気分で、入口ののれんをくぐった。

これまで入ってきた台湾の温泉とは違っていた。地下におりていくのだ。半地下ス

阿里史冷泉。住宅街のなかの共同浴場だ

阿里史冷泉は半地下にあった。男女別なので水着でなく裸で入ることができる

タイルの温泉だった。

湯は濁っていなかった。透明である。北埔冷泉とは違う。服を脱いで、湯に触ってみる。冷たい。冷泉だから当然である。すでに入浴中のおじさんが、二十二度だと教えてくれた。一年中、同じ温度だという。

体を沈める。冷たい。三十五度を超える気温に包まれていた体が、キューンと冷えていく。これは心地よかった。しばらく入っていると、体が冷えて外に出たくなる。ときおり、上についている送風機がまわる。

浴室内に溜まったガスを外に出す装置だという。冷泉といっても、イオウなどの成分が含まれている。成分は温泉なのだ。浴槽への階段をおりながら、イオウのにおいがしたことを思い出した。

次々に人がやってくる。入浴というより、体を冷やしにやってくる感じだ。仕事の合間にちょっと寄って、火照った体を冷やす。そんな温泉だった。

「これはいい」

冷泉に浸かって呟いていた。もし蘇澳の街に住んでいたら、毎日やってくるような気がした。入浴料もかからない。

上：阿里史冷泉の向かいには、子供用の冷泉プールも。こちらも住民は無料らしい

下：有名な礁渓温泉に。台北に近いこの温泉は、北投温泉と並ぶ観光温泉だ

蘇澳から台北まではそう遠くない。途中にある員山温泉に寄り、有名な礁渓温泉で足湯に浸かり、台湾で入った温泉を数えてみる。誘われても行きたくはない温泉を指で折る。すぐに片手が終わった。

台湾温泉通が教える台湾百迷湯・東部編

紅葉谷温泉の黒湯・赤湯

地元の人の情報によれば、橋のたもとにある紅葉谷温泉の野渓温泉から北絲鬮渓（ベイスージウ）という川をくだった場所にも別の湯が噴出しているようだ。グーグルマップで場所を確認して、向かってみたことがあった。

しかし、ここにも落とし穴があった。温泉があると思われる場所から最も近い脇道を入り、急な林道をくだっていくと、結局行き止まりになってしまった。しかたなく歩いていくと、遠くに北絲鬮渓を見渡す崖の上だった。

しくじったかあ……と思っていたら、近くを小川が流れている。北絲鬮渓の岸まで続いていそうな気配だったのでおりてみた。すると、コンクリートで囲われた、湯船のようなものが見えてきた。ヒョイとのぞくと、空っぽだ。以前、温泉を溜めるのに使っていたのかもしれない。

すると、岩陰から人の気配がした。「誰かいるっ」と思い近づいてみると、先ほどの崖のちょうど真下に三メートル大の湯溜まりがあって、下着姿の初老の男性が湯に浸かっていた。ひとりの男性が着替えの最中で「ワシらはもう出るから、お入りなさい」というので、素早く水着姿になり、入ってみた。

湯加減はちょうどよい。細かい砂や堆積物が混じって、湯は黒く濁っている。お尻のほうがムズムズと刺激される。どうやら温泉が地下から湧き出てくるらしい。足し水もせずに入浴ぴったりの温度になるというのも稀なものだと感じ入ったが、掘った人が湯加減のよい場所を選んだともいえる。

「おじさんたちが掘ったんですか？」と訊くと、ふたりは、「いつも入っているからね、ときには修繕することもあるよ」と話す。

利用者たちが各々でこの大事な場所を守っているようだった。私（広橋）が入浴する間、ふたりは帰り支度をして、歩きはじめた。はて？　私が通ってきた道には、車やバイクは置いていなかったから、どこから入ってきたのだろう、と不思議に思っていたら、向こう岸にズンズン遠ざかっていくのが見えた。

そうだったのか。彼らは険しい川岸を避けて、楽に川岸におりることができる向こう岸の道路に車かバイクを停車させてきたのだ。

地元の人でないと知らないルートだった。彼らは半裸姿だった。いにしえの原野をゆく古代人のような姿だった。ひとり野渓温泉を味わいながらその後ろ姿を見ていた。

紅葉谷温泉のもうひとつの湯は、鉄の成分を含んでいて湯脈が茶色く染まっているため赤湯と呼ばれる湯。こちらは砂含みの黒湯。同じエリアのふたつの湯は、赤と黒で分別するとわかりやすい。

この北絲鬮渓をさらに遡上していくと、約四キロ先に上里温泉、さらに十数キロ先に桃林温泉がある。秘湯ハンターには人気のルートである。こちらのほうは、別の機会にアプローチすることにしよう。

地元の人に訊くと、付近には鹿鳴温泉なるホテルや、日帰り湯の山月温泉館もあるが、源泉は紅葉谷温泉と同じと話していたので、すべて台東の紅葉谷温泉郷として分類できるようだ。

ただ、有料の施設を利用するより、自然のなかで味わう温泉の心地よさを知ってしまうと、つい足がそちらへ向かってしまう。より深みに入っていく予感がしていた。

●紅葉谷温泉へのアクセス／台湾鉄路「台東」駅から「鹿野」駅下車。路線バスはないのでタクシーで約十五分。徒歩なら約二時間。

台湾温泉通が教える 台湾百迷湯・東部編

霧鹿温泉・六口温泉

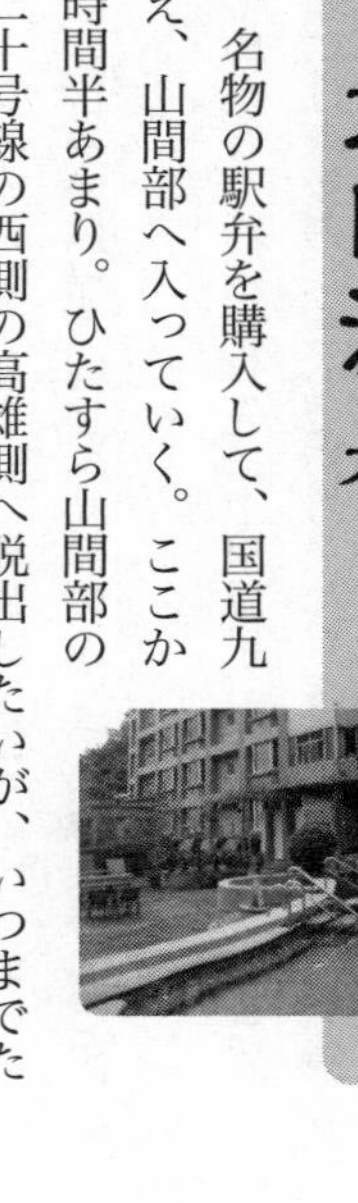

米どころ、池上にやってきた。名物の駅弁を購入して、国道九号線から国道二十号線に切り替え、山間部へ入っていく。ここから栗松温泉のある峠まで片道一時間半あまり。ひたすら山間部の道を進むことになる。そのまま二十号線の西側の高雄側へ脱出したいが、いつまでたっても通行止め。再び戻ってくることになるが。

二〇〇〇年ごろ印刷の地図を見ると、沿道には、瑕末（シアモー）温泉、彩霞（ツァイシア）温泉、下馬温泉、霧鹿（ウールー）温泉、碧山（ビーシャン）温泉などの温泉が連なっている。その後発生した八八水害の傷跡深く、下流のほうの温泉場は跡形もなかった。そしてどこも疲弊していた。

下馬集落の民宿の主人によれば、彼が子供の頃は、河岸までおりていけば、温泉に入れたらしい。その後、民宿を盛りあげるために、一時、温泉を掘った。温泉は出たものの、その後、ポンプが壊れてしまった。高雄に抜けることができないため、民宿に泊まる人も少ない。ポンプを修繕して、温泉を再開するモチベーションがもてないという。

霧鹿温泉には、沿道では最もまともなホテル、天龍酒店が建っている。立ち寄ってみると、やはり横貫公路分断で観光客の往来が少ないのか、寂れた趣だった。夏場に来るバードウォッチング客や登山パーティーの利用する宿として健気に営業を続けているようだった。屋外の温泉プールは大自然のなかにあった。ロケーションはいいのだが、入る人もおらず、湯船に浮かんだ枯れ葉が寂しげだった。

碧山温泉には、崖っぷちに寄り添うように民宿が看板を掲げていたが、無人の様子。電話を入れてみると、オーナーらしき人が電話に出た。が、現場にはいないようで、「いままでは予約があれば週末に開けていたこともあったが、いまは休眠状態」ということだった。

六口(リウコウ)温泉は工事現場の手前にあった。足湯場で車を停めた。ここには正方形に切った足湯スペースが整然と四つほど並んでいた。しかしけっこう深い。早朝で人もいなかったので、上半身を脱いで入ってみたらすっぽり浸かってしまった。山中で極楽の朝風呂である。もしかしたら工事現場の作業員たちも湯あみできるように、こんなに深くしているんじゃないかと思ったりもした。

さらに山に入っていくと坂は急峻になる。その先に栗松温泉の入口がある。南部横貫公路の東側はここで断たれる。池上方面に戻るしかなかった。

●霧鹿温泉へのアクセス／台湾鉄路「台東」駅から「関山」駅下車。バス8178番で「霧鹿」下車。

台湾温泉通が教える 台湾百迷湯・東部編

安通温泉・瑞穂温泉

花蓮県は台湾のなかでいちばん南北の距離が長い県だが、温泉はポツリ、ポツリとしかめぐり合わなくなる。

安通（アントン）温泉は花蓮県の最南端。数軒の温泉宿が点在している。しかし後に掘り出した温泉場にはそれほど魅力は感じられない。泊まっていくなら最も老舗の安通温泉飯店だろうか。ここには内湯だが、男女別の裸で入れる湯屋があって、日帰り温泉としても利用できる。料金は大人三百五十元だ。

敷地内には、日本統治時代の一九三〇年に建てられた警察の保養所も保存されている。総檜づくり。現在は外から眺めるだけで、室内は使われていないが、こんなふうに昭和初期の建造物を残してくれていることにありがたみを感じる。

安通温泉から三十キロほど北側にある瑞穂（ルイスイ）温泉は不思議と縁があり、五回ほど訪れている。常宿にしているのが創業百年の瑞穂温泉飯店。日本統治時代から続く、ある意味で由緒正しい温泉宿で、一九一九年に警察保養所の共同浴場としてはじまった。もちろん源泉かけ流しだ。

古いのに敷居が高くないのがいい。ベッドのある洋部屋もあるが、僕がいつも入るのは畳部屋。じめじめした昔ながらのフスマ部屋だが、ひとり五百元。古くて崩れ落ちそうな建屋なので、いつも空いていてありがたい。

湯は関西の有馬温泉と成分が同じで、湯は錆びた鉄色。なかなか本格的だ。肌がツヤツヤの女将さんは宿の看板娘だったが、最近どういうわけか見かけない。湯屋は個室も利用できるが、狭いので、夜な夜な、人がいなくなると大浴場に裸でザッパンと入っている。岩風呂のつくりもなかなか風情があるが、普段は水着着用になっている。

●安通温泉へのアクセス／台湾鉄路「花蓮」駅から「玉里」駅下車。駅前からバス8181番で「安通温泉」下車。

●瑞穂温泉へのアクセス／台湾鉄路「花蓮」駅から「瑞穂」駅下車。路線バスは少ないので、タクシー利用が便利。所要時間約十分。

台湾温泉通が教える台湾百迷湯・東部編

萬榮温泉

萬榮温泉への道はきつかった。あまりに速い流れを前に、下川さんと中田カメラマンは降参宣言。そこで下川さんは冷酷にいい放った。

「全湯破をめざす広橋さんは、行ったほうがいいのでは？」

午前中でまだ気力もあった。ここで諦めるのも引っ込みがつかない。改めて川岸におりた。

途中で車の轍をみつけた。それに沿って歩いたのだが、いつの間にか轍は森のなかに消えていってしまった。石がゴロゴロしている河原を上流へ向かって進むしかない。日射しが強いが、陽を遮るものがないのが参った。

行けども行けども荒涼とした風景。小さな水たまりを見つけては、温泉ではないか、と幻影を見たが、ただの水……。そんなことを何回繰り返しただろうか。

みつからないかもしれない……。戻ろうか。皆で来たなら会話で疲れも紛れるのに、とひとりで来たことを悔やみながら、一時間ほど歩いただろうか。ネット映像で見覚えがある、鉄塔が目の前に現れた。

そして、その横には、流れ出した温泉の成分で茶色く染まった岩肌。浴槽がわりにしたであろう、ビニールシートなどが見えた。

目の前に急流があるのをモノともせず、水をかきわけて近づいた。夏は温泉シーズンではないのか無人。冬場に利用したと思われる設備が廃墟のように残っていた。ホースが源泉というか、温泉の流れ落ちる上のほうからビニールシートまで引いてあった。もともと流れ出す湯量は多くなかったのだろう。夏は滴(したた)り落ちる程度だったが、たしかに温泉だ。ホースに温泉の成分が堆積し、カチカチに固まっていた。

岩の隙間に、ひとりお尻が入るくらいの湯溜まりをみつけて、入ってみることにした。温泉気分もあったものではないが、入浴の儀式として。これでミッションは完了したぞ、と往復二時間の川歩きが無駄にならなかったことに安堵しただけだった。

案内板には、この奥にも鴛鴦谷(イエンヤングー)野渓温泉というのがあるということだった。しかしそこをめざす体力も気力もない。またいつかリベンジするぞと思いながら川をくだることにした。

帰り道は、車の轍どおりに歩けばもとの場所に戻れることがわかっていた。あまり時間の長さは気にならなかったことだけが救いだった。

●萬榮温泉へのアクセス／台湾鉄路「花蓮」駅から「萬榮」駅下車。徒歩約三十五分で温泉入口、そこから渓流を徒歩約一時間で到着。

台湾温泉通が教える 台湾百迷湯・東部編

鳩之澤温泉・清水地熱広場

花蓮県を北上し、宜蘭県に入ると、温泉郷が多くなる。深い山岳地帯よりも、山脈の北の端にあたる宜蘭県以北のほうが、温泉が湧出しやすいのかもしれない。礁渓温泉、員山温泉、蘇澳にある冷泉、梵梵野渓温泉などがそれにあたる。
梵梵野渓温泉の奥には鳩之澤（ジゥヂーゼァ）温泉がある。宜蘭市内から遠く、太平山国家森林遊楽

区のなかにあって、温泉に入る前に入園料金が必要という点がどうも納得がいかず、素通りしてきた。しかし、いまは台湾の温泉踏破である。はずすわけにはいかない……と訪れてみた。入湯してみると、泉質のレベルがかなり高かった。

宜蘭市内から車で向かうと小一時間ほどかかる。宜蘭県もなかなか広い。太平山というのは、ヒノキの出荷地として林業が盛んだったが、乱伐の心配もあり、現在は林務局が管理する太平山国家森林遊楽区という自然公園になっている。アウトドア・リゾートで注目されている地域だ。

入園料を支払うゲートを通ったのは午後四時。この時刻にしたのは、入場料金が夕方になると、二百五十元から百五十元に割引されるからだった。ゲートからは十分足らずで温泉の施設に到着した。上手からは源泉が勢いよく流れ出して、湯煙がもうもうとあがっている。なかなかの壮観である。

駐車場の近くには台湾人が大好きな温泉卵をつくるコーナーを設けてある。温泉に入ることが苦手な人たちも温泉卵づくりには喜々として参加していく。

施設内を撮影するには許可が必要かもしれないと思い、入場直前にフロントに案内をお願いした。すると百五十元（冬期二百五十元）の入浴チケットをもらえた。温泉は最後に入ることにして、スタッフに温水プールのほうを案内してもらうことになった。

担当の人が説明してくれた。

「温水プールや遊歩道をつくり……と年々バージョンアップしています。最後に家庭向けの個室を改装したのが二年前。それでだいたい入浴施設は完了した感じです」

アウトドア人気の高まりと温泉の認知度を見込んで、アトラクションを増やしているのだろう。

スパエリアと謳われた温水プールに案内された。湯に手を入れると、ねっとりとした触感。源泉が八十度にもなる高温なので、加水してプールに入れているそうだ。五十人ほどの利用者がいたが、それでも混雑は感じない広さだった。

岩石風呂？　とでもいうのか、五右衛門風呂のようにひとりで入る浴槽がいくつもあるのが楽しそうだった。

家庭向け風呂のエリアも見せてもらったが、こちらは森林をイメージしたのか、木材をふんだんに使ったロッジ風の建物。個室は二十ほど。最近改装済みともあって、ずいぶんとモダンな内観だった。蛇口から出る湯量が半端なく大量で、あっという間ドアを開けると正方形に湯船を満たす。

裸湯エリアと称される、男女にわかれた湯屋にやってきた。ドアを開けると正方形の空間。こちらもオープンな脱衣場をはじめ、全体的にウッディな趣のなか、浴槽も正方形。中央にさらに小さな正方形の水風呂と、キュービックに計算された空間だった。

温水プールのにぎわいに比べ、こちらの利用客は僕を含め四人。浴槽がおよそ百平方メートルほどもあったから、広すぎるくらいだ。

湯の温度は四十三・五度。やや熱いくらい。湯は透明だが、入ってみると滑らかで、ミネラル物質がまとわりついてくる感じは、泉質のよさを物語っている。

入浴途中から雨が降ってきた。が、浴槽の一部は屋根で覆われているので、屋根の下に避難した後、足だけ浸けて、出たり入ったり。

先客の刺青の男性が、入口のほうへ歩いていき、壁に向かって「オーイ、何時に出るんだ」と女性陣と時間の確認をしているところは、銭湯さながらだった。

案内してくれたスタッフはタイヤル族だった。付近に隠れた温泉場などはないだろうか……とローカル情報を探ってみたら、清水（チンシュイ）地熱広場を紹介してくれた。こちらも寄り道してみた。ここはミネラル成分が温泉に認定される数値に達していない関係で「地熱場」として紹介されていて温泉ではない。しかし台湾人にとっては楽しみな温泉卵スペースとして人気があるようで、多くの人が車で訪れていた。

売店で卵や生のコーンを購入し、網のなかに入れて待つこと十分。傍らには足湯スペースもあって、待ち時間に、食べながら浸かって楽しそうにすごしている。

あちこちで湯煙を吹きあげているところも雰囲気たっぷりの清水地熱広場は、宿泊施設も建設中で、今後はスパリゾートとして開業するらしい。

●鳩之澤温泉へのアクセス／台湾鉄路台北駅から宜蘭県の「羅東」駅下車。駅前のターミナルからバス1750番で「仁澤（鳩之澤）」下車。徒歩三分。

●清水地熱広場へのアクセス／台湾鉄路台北駅から宜蘭県の「羅東」駅下車。駅前のターミナルからバス1792番で「三星」下車。そこからタクシーで約二十分。

台湾温泉通が教える台湾百迷湯・東部編

文山温泉

心残りがあった。表向きには閉鎖されている、太魯閣(タロコ)峡谷の奥にある文山(ウェンシャン)温泉である。入湯できるかもしれない、という情報があった。

ちょうど二〇二〇年の春先、花蓮までの新しい道路が開通した。台北から花蓮までの路線バスも営業を開始したと聞いて、日帰りで太魯閣峡谷往復旅に向かうことにした。

三月下旬。出発した早朝、台北市内は雨模様。東海岸に出たときに日の出を目にできればいいな、という思いは砕かれた。

六時前に出発して、高速道路五号線に入り、雪山トンネルを抜ければ東海岸だ。早朝なので交通量は少なく、七時前には蘇澳到着。このまま高速が続くのかと思ったら、高速はここで終了。その先は花蓮まで続く蘇花公路改め「蘇花改」というバイパスが太魯閣手前まで続いていた。トンネル内はすいていたが時速六十キロ制限。それでもジグザグの道を走らなくてよくなった分、疲れを感じることない。トンネルは連続するふたつを合わせると十三キロ以上。これまで最長の雪山トンネル以上に長い長いトンネルを抜け、花蓮に入ったと感じさせる清水断崖の休憩所に辿り着いたときにはまだ八時すぎだった。

太魯閣峡谷への入口は、花蓮の中心街に入る手前にある。入口から峡谷の終点である天祥までは約三十分、南下している間に空もだんだん明るくなり、ポカポカ陽気になってきた。

途中から太魯閣峡谷はより深みを帯びてきて、燕子口（イエンズコウ）という名所に来ると、空も覆うほどの狭い大理石の岩肌の間を走ることになる。何回来ても美しい光景だ。しばらくすると天祥に到着。小さな村落には教会があり、バスターミナルと太魯閣晶英酒店がある狭い台地になっている。

位置情報では文山温泉はここから車で四分の距離。閉鎖になる前、二十年前に一度訪ねた記憶を頼りに近くまで行くと、トンネルがあった。近くに遊歩道の案内板もある。なんだ、入れるじゃないか、と期待が膨らんだ。

国立公園として整備されただけあって、遊歩道は手すりも階段もしっかりつくられていて、これまで歩いてきた道なき野渓温泉と比べものにならないくらい楽ちん。十五分ほどで吊り橋まで辿り着くと、川岸でひとり温泉に浸かる人の姿が見えた。

なーんだ、やっぱり入れるんじゃないか、と喜び勇んで吊り橋を渡ると、そこから難関だった。

橋の先には鉄の門があり、侵入禁止の立て札。が、この門は脇道を通ればなんなく突破できた。

しかしここからが……。左側は手すりもない崖っぷち、右側には岩壁が迫り、勾配は四十度くらい。垂直に感じる。しかも階段は削りとられていて危ないことこのうえない。下を見ながらおりると震えあがってしまう。

岩につけられている縄をつかんで、後ずさりしながら、足が滑らないよう、ゆるりゆるりとおりていった。

残りあと五メートルほどまできた。落ちても死ぬことはない、というところまでおりやっと恐怖が和らいだ。

川岸に立ち、冷や汗を拭う。風呂あがりの精悍な体つきのオジさんが仁王立ちしていた。すがるような気持ちで訊いてみた。

「ここは入ってもいいんですか？　入浴禁止じゃないんですか？」

するとオジさんは、こう話してくれた。

「警察はひと月に一度来るくらいだけど、パトロールしているだけで、別に注意されることはないし、岩肌の縄を外されることもないよ。あの縄も、そこに渡してある板も、常連たちが自らもち寄ってつくったものさ。以前、観光客が殺到していたとき、落石で人が亡くなる、という事故が起こった。国は犠牲者に多大な賠償をとられたのを機に、侵入禁止に指定して、この温泉の管理を放棄したのさ。その後、私たち常連が、自己責任で最低限の維持をしているんだ。禁止になっているから利用者は比較的少ないし、かえって都合がいいよね」

たしかに、見あげると大理石の岩が迫っている。落石もときにはありそうだ。管理局はわざわざ浴槽も階段も手すりも撤去し、川岸におりにくくしていた。しかし温泉愛好者たちが維持していた。

川岸の浴槽はややぬる目だった。「奥の浴槽が熱い」といわれ、渡し板の先の熱い方に行ってみる。

渡し板を越えると、思わず息を飲むような浴槽が目に入ってきた。ちょうど四、五人が入ることができる高さ五メートルほどの大理石のくぼみからは、勢いよく湯が流れ出ている。天然の隠し湯だった。

湯に手をかざしてみる。ヌルリと指にまとわりついて、イオウ臭もわずかにある。私的に泉質は極上だ。が、相当に熱い。五十度前後はありそうだ。

先客は三人連れだったようで、奥の深いほうの浴槽に、小太りのオジさん、湯が流れ、滝になって落ちるところにオバさんが入っていた。

大理石がちょうどよく傾斜をしている場所にスルリと入り込んだ。大理石の寝椅子に横たわったようで、こちらも気分は上々。

しかしやはり相当に熱いので、湯をかき混ぜていたら、入っているオジさんに睨まれた。

「じっとしていれば体が慣れてくるから、混ぜるもんじゃない、こっちも熱くなっちまう」

素晴らしい湯殿だったのですっかり興奮していたのだろうか。入浴マナーをたしなめられてしまった。

しかしやはり湯が熱いので、ぬるい浴槽に移動した。こちらは、岸壁から染み出してくる湯が数ヵ所あって、大きめの石で仕切りがつくられている。渓流の水が一部引き込んであったので湯加減はまずまず。長く浸かっていられる。

ほどよく流れる渓流の音と柔らかい日射し、野鳥のさえずり、蝶も舞いおりてくる。詩情あふれるロケーションに瞑想に入れるような心境になりながらしばしすごし、小一時間で帰り支度に入った。先に入っていた三人は果物やら食料も持参していたようなので、午後までここにいるらしい。

恐怖の地獄坂をもう一度通過するのか、と考えるとやや気が萎えたが、登りは下を見なくていいだけグングンと進むことができ、あっという間に吊り橋のたもとまで辿り着いた。慣れというのは不思議なものだ。

帰り道に「もうお帰りですか」と、別の数人の老婦人のグループとすれ違う。皆あの地獄坂をおりていくのかと思ったら、台湾の老人たちは怖いもの知らずなんだな、と感心してしまった。

まだ時間は午前十一時だった。帰り道に、炭酸がポコポコたちのぼる阿里史冷泉に立ち寄って台北に戻った。午後二時すぎには自宅に戻っていた。渋滞のある週末などを避ければ、文山温泉日帰りコースができあがる。ただし、文山温泉は政府から認可されていない自己責任温泉ではあるのだが。

●文山温泉へのアクセス／台湾鉄路「花蓮」駅から「新城」駅下車。駅前からバス303番で「天祥」下車。または台湾鉄路「花蓮」駅前からバス1130A番で「天祥」下車。徒歩で約四十分。

秘湯巡りの旅の終わりはいつも洗車。台湾ではちゃんと手で洗ってくれる。それも日本では考えられない安い料金で

＊スタッフ紹介

広橋賢蔵（ひろはし・けんぞう）／一九六五年、神奈川県生まれ。一九八八年、中国北京留学後、一九八九年日本語教師として台湾へ。一九九一年より現地フリーペーパー「な〜るほど・ザ・台湾」編集部勤務、二〇〇二年海外旅行サイト「台北ナビ」編集長を経て、二〇〇九年退社。現在「歩く台北」台湾業務代表、ゲストハウス「ezstay Taipei」などを運営する。

中田浩資（なかた・ひろし）／一九七五年、徳島県徳島市生まれ。フォトグラファー。一九九七年、渡中。ロイター通信社北京支局にて報道写真に携わる。帰国後、会社員を経て、二〇〇四年よりフリー。旅行写真を中心に雑誌、書籍等で活動中。www.nakata-photo.jp

＊本書は、双葉社WEBマガジン『TABILISTA［タビリスタ］』連載「アジアは今日も薄曇り」＃01〜＃10（二〇一九年九月〜二〇二〇年二月配信）、及び朝日新聞デジタル『&トラベル』連載「クリックディープ旅　台湾の超秘湯旅」（二〇一九年六月〜九月配信）の記事をもとに、大幅に加筆修正、写真を追加して構成したものです。温泉案内「台湾百迷湯」は書き下ろしです。

＊本書に掲載されている情報、データは取材時点のものです。台湾の通貨単位は台湾元（略称・元）です。取材時点の為替レートは、一台湾元＝約三・五円〜三・七円です。

双葉文庫

し-13-20

台湾の秘湯迷走旅

2020年12月13日　第1刷発行

【著者】
下川裕治＋広橋賢蔵・中田浩資

【発行者】
箕浦克史
【発行所】
株式会社双葉社
〒162-8540 東京都新宿区東五軒町3番28号
［電話］03-5261-4818（営業）　03-5261-4837（編集）
www.futabasha.co.jp（双葉社の書籍・コミックが買えます）
【印刷所】
中央精版印刷株式会社
【製本所】
中央精版印刷株式会社

【フォーマット・デザイン】
日下潤一

ISBN978-4-575-71486-9 C0176
Printed in Japan